# NOUVELLE MÉTHODE PRATIQUE

DE

# LANGUE PORTUGAISE

PARIS. — IMPRIMERIE ARNOUS DE RIVIÈRE, RUE RACINE, 26.

# NOUVELLE MÉTHODE PRATIQUE
DE
# LANGUE PORTUGAISE

RENFERMANT

**DES EXERCICES SIMPLIFIÉS**

SUR LES RÈGLES DE LA GRAMMAIRE

SUIVIS D'UN

DICTIONNAIRE PORTUGAIS-FRANÇAIS
DE TOUS LES MOTS EMPLOYÉS DANS L'OUVRAGE

PAR

**SOARÈS DA SILVA**

AUTEUR

DU ***PORTUGAIS TEL QU'ON LE PARLE***

PARIS
LIBRAIRIE FRANÇAISE ET ANGLAISE DE J.-H. TRUCHY
**Leroy Frères, successeurs.**
26, BOULEVARD DES ITALIENS

1881

# PRÉFACE

Le développement de l'étude des langues vivantes croissant de jour en jour, les relations commerciales de la France s'étendant de plus en plus sur notre globe, le rapprochement et la coïncidence frappante qui existent entre notre langue maternelle et celles qui comme elles dérivent de la même source : *du latin*, nous ont décidés à combler une lacune en publiant aujourd'hui une méthode portugaise, complément à notre collection de méthodes pratiques pour l'étude des langues étrangères.

Nous offrons à l'élève la concentration ou, pour mieux dire, la simplification de tous les ouvrages faits sur la langue portugaise jusqu'à ce jour, et nous cherchons par ce moyen à l'initier promptement, sûrement et surtout d'une façon pratique aux commencements ordinairement aussi pénibles que défectueux qui caractérisent l'étude des langues.

Le portugais, quoique moins répandu en France que les autres langues vivantes, se parle sur une immense étendue de l'Amérique du Sud, cet ardent foyer du commerce présent et à venir, et ce qui nous confirme encore plus dans notre dire, ce sont les nombreuses demandes qui nous ont été faites de cet ouvrage.

Il est certain que notre livre, malgré les soins que nous lui avons donnés, n'est qu'une simple méthode, que nous n'avons pas la prétention de considérer comme suffisante pour faire atteindre à elle seule le but que poursuit l'élève.

Que ce dernier, lorsqu'il possédera bien à fond les éléments que nous avons groupés ici, en recherche l'application dans la lecture des auteurs portugais, qu'il cherche, si ses relations le lui permettent, à compléter dans la fréquentation de familles portugaises les enseignements de notre grammaire qui, quelque parfaite qu'elle soit, ne pourra figurer exactement la prononciation, en même temps que certaines règles ne seront peut-être pas bien comprises à cause de l'insuffisance des exemples pratiques que l'oreille perçoit pour transmettre à la mémoire. Nous n'avons en tous cas employé dans nos vocabulaires que des mots usuels que l'on retrouve dans des exercices qui ne roulent que sur une règle énoncée.

Une bonne recommandation dictée par l'expérience : apprendre par cœur est à coup sûr le meilleur moyen d'apprendre avec fruit.

Bon courage à l'élève, et puissent la théorie et la pratique, scrupuleusement observées dans cet ouvrage, mener à bon commencement l'étude d'une langue aussi utile qu'intéressante, c'est le désir que se croient en droit d'exprimer

LES ÉDITEURS.

---

# NOUVELLE MÉTHODE PRATIQUE

DE

# LANGUE PORTUGAISE

## PRONONCIATION

### Alphabet.

**L'alphabet portugais se compose de vingt-cinq lettres :**

| | | | | |
|---|---|---|---|---|
| **A** | **B** | **C** | **D** | **E** |
| a | bé | cé | dé | è |
| **F** | **G** | **H** | **I** | **J** |
| effe | gé | haga | i | ji *ou* jota |
| **K** | **L** | **M** | **N** | **O** |
| ka | elle | emme | enne | o *ouvert* |
| **P** | **Q** | **R** | **S** | **T** |
| pé | ké | erre | esse | té |
| **U** | **V** | **X** | **Y** | **Z** |
| ou | vé | chich | i grégou *ou* ypsilon | zé |

Les lettres *a*, *e*, *i*, *o*, *u* et *y* sont voyelles; toutes les autres sont consonnes.

### Prononciation des voyelles.

*A* se prononce comme en français; mais à la fin des mots et en général dans les syllabes qui ne sont pas accentuées, il se prononce très-faiblement et se fait à peine entendre :

*Hora*, heure; *cama*, lit. Prononcez : *Auˈra, caˈma.*

*E* se prononce comme *é* français. A la fin des mots et lorsqu'il n'est pas accentué, on doit le prononcer un peu plus faiblement que l'*e* muet français :

*Facilidade*, facilité; *decedido*, décidé. Prononcez : *Facilidaˈde, decediˈdou.*

Au commencement de quelques mots il prend le son d'*i* :

*Elemento*, élément; *essencia*, essence; *esforço*, effort. Prononcez : *Ilemeˈintou, isseˈincia, ichfauˈrsou.*

*É* se prononce comme *è* ouvert français :

*Anémico*, anémique; *ébano*, ébène. Prononcez : *Anèˈmicou èˈbanou.*

*Ê* se prononce comme *é* fermé français :

*Lê*, il lit; *vê*, il voit. Prononcez : *Lé, vé.*

*I* et *y* se prononcent comme en français :

*Comi*, j'ai mangé; *satyrico*, satyrique. Prononcez : *Coumi, satyˈricou.*

*O* se prononce comme *au* français :

*Forte*, fort. Prononcez : *Fauˈrte.*

A la fin des mots et dans quelques autres cas, surtout quand il n'est pas accentué, on doit le prononcer comme *ou* français :

*Fechado*, fermé; *soldado*, soldat; *torrente*, torrent. Prononcez : *Fechaˈdou* [1], *sauldaˈdou, touréˈinte.*

---

[1] Le *ch*, dans la prononciation figurée, doit toujours être prononcé comme le *ch* dans les mots français *chimie, chien.*

*U* se prononce *ou* :

*Lugar*, place. Prononcez : *Louga're.*

Dans les syllabes *que* et *qui*, *gue* et *gui*, il se prononce comme dans les mots français *que*, *guetter* :

*Questão,* question; *quesito*, demande. Prononcez : *Questun'ou, quezi'tou.*

## Diphthongues.

Les voyelles qui forment les diphthongues ne changent pas leur son alphabétique; elles doivent être prononcées séparément et d'une seule émission de voix :

*Pouco*, peu; *causa,* cause; *sabio,* savant. Prononcez: *Pauou'cou, ca'ouza, sa'biou.*

## Diphthongues nasales.

**ãe**. Cette diphthongue produit le son nasal *un* suivi de *i :*

*Charlatães*, charlatans; *pães*, pains. Prononcez : *Charlatun'-ich*, *pun'ich* sans articuler l'*n*.

**ão**. Cette diphthongue produit le son nasal de *un* suivi de *ou :*

*Mão*, main; *nação*, nation. Prononcez : *Mun'ou*, *naçun'ou* sans articuler l'*n*.

**õe**. Cette diphthongue produit le son nasal de *on* suivi de *i :*

*Corações*, cœurs; *lições*, leçons. Prononcez : *Couraçon'ich, liçon'ich* sans articuler l'*n*.

## Consonnes.

*B et c* ont le même son qu'en français.

*Ch* se prononce comme en français, excepté dans les

mots dérivés du grec ou de l'hébreu, où ces lettres ont le son de *k* :

*Chimica*, chimie; *chaldaico*, chaldaïque. Prononcez : *Ki'mica, kalda'icou.*

*C* suivi de *t*, est muet :

*Acto*, acte; *victima*, victime. Prononcez : *A'tou, vi'tima.*

*C*, *ce*, *ci* se prononcent comme en français.

*D* et *f* se prononcent comme en français.

*G*, *gue*, *gui* se prononcent comme en français.

*Gn* se prononce en faisant sentir séparément ces deux lettres :

*Ignorante*, ignorant; *maligno*, méchant. Prononcez : *Iguenourann'te, mali'guenou.*

*H* n'est jamais aspiré en portugais.

*I*, *K*, *L* se prononcent comme en français.

*Lh* se prononce comme deux *ll* français fortement mouillés :

*Filho*, fils; *alho*, ail. Prononcez : *Fi'llou, a'llou.*

*M* se prononce comme en français, excepté à la fin des mots, où il rend la syllabe nasale :

*Bom*, bon; *amaram*, ils aimèrent. Prononcez : *Bon, ama'run-ou.* Dans ce dernier mot on ne doit pas articuler l'*n*. La syllabe *am* à la fin des mots a le même son que la diphthongue *ão*.

*N* se prononce comme en français.

*Nh* équivaut à *gn* français dans le mot *lorgnon* :

*Amanhã*, demain; *sanha*, rage. Prononcez : *Amagnan'*, *sa'gna.*

*P* et *ph* se prononcent comme en français.

*P*, suivi de *t*, est généralement muet.

*Que*, *qui* se prononcent comme en français.

*Qua*, *quo* se prononcent *koua*, *kouo* :

*Quatro*, quatre; *qualidade*, qualité; *quota*, quote. Prononcez : *Koua'trou*, *koualida'de*, *kouo'ta*.

*R* a le même son qu'en français. Entre deux voyelles et à la fin des syllabes il a le son doux.

*S* se prononce comme en français, excepté à la fin des syllabes où il prend le son de *ch* doux :

*Mas*, mais; *festa*. fête. Prononcez : *Mach*, *fèch'ta*.

L'*s* final, devant un mot commençant par une voyelle ou un *h* prend le son de *z* :

*Os homens*, les hommes; *as armas*, les armes. Prononcez : *Ou-z-haumè'inch*, *a-z-ar'mach*.

*T* se prononce comme en français, mais il ne prend jamais le son de *c* comme il arrive en français dans les mots terminés en *tion*.

*X* a quatre sons :

1° Son de *ch* :

*Xadrez*, échiquier; *Alexandre*, Alexandre. Prononcez : *Chadréch*, *Alecha'ndre*.

2° Son de *x* français :

*Sexo*, sexe; *annexo*, annexe. Prononcez : *Sèk'sou*. *anè'ksou*.

3° Son de *c* :

*Trouxe*, il apporta; *anxiedade*, anxiété. Prononcez : *Trau'ce*, *anciéda'de*.

4° Son de *z* :

*Exame*, examen; *exercito*, armée. Prononcez : *Iza'me*, *izè'rcitou*.

*Z* se prononce comme en français, excepté à la fin des mots, où il prend le son de *ch* français :

*Mez*, mois; *luz*, lumière. Prononcez : *Méch*, *louch*.

# DES ACCENTS

Il n'y a en portugais que deux accents : l'accent aigu (´) et l'accent circonflexe (^). L'accent aigu ouvre le son de la voyelle sur laquelle il est placé, et l'accent circonflexe le ferme.

## De l'accent tonique.

Dans les mots de plusieurs syllabes il y en a une qui est longue, c'est-à-dire sur laquelle la voix se fait entendre plus fortement que sur les autres. On dit de cette syllabe qu'elle porte l'accent tonique.

L'accent tonique ne peut tomber que sur la dernière, la pénultième ou l'antépénultième syllabe. Pour le placer, seul l'usage peut servir de guide.

### EXERCICE DE PRONONCIATION.

| *Écriture orthographique.* | *Prononciation figurée.* |
|---|---|
| Um homem da côrte pediu a Luiz XII que confiscasse os bens d'um rico burguez d'Orleans, o qual se tinha declarado abertamente contra este principe antes da sua exaltação ao throno. « Quando me offendeu, respondeu Luiz XII, eu não era seu rei. Tornando-me seu rei, tornei-me seu pai. Devo perdoar-lhe e deffendê-l'o. » | Oun hô'méïnn da caur'te pedi'ou a Louï'j dau'ze que confichcâ'sse ouj bê'ïnch dounn ricou bourguech d'Orleanch, ou coual' se ti'gna declarâ'dou abertamenn'te con'tra ech'te prinn'cipe an'tech da sou'a izaltaçun'ou a'ou trau'nou. « Couan'dou me aufenndé'ou, rechpondé'ou Louïj dau'ze, é'ou nun'ou ê'ra sé'ou ré'ï. Tournan'dou me sé'ou rê'ï, tourné'ï me sé'ou pâ'ï. Dé'vou perdouar'-lle e defenndé'lou. » |

Un homme de la cour demandait à Louis XII la confiscation des biens d'un riche bourgeois d'Orléans, qui s'était déclaré ouvertement contre ce prince avant son avénement au trône. « Lorsqu'il m'a offensé, répondit Louis XII, je n'étais pas son roi. En le devenant, je suis devenu son père, je dois lui pardonner et le défendre. »

# VERBES AUXILIAIRES

En portugais il y a quatre verbes auxiliaires : *haver* et *ter* qui signifient tous les deux *avoir*, et *ser* et *estar* qui signifient *être*.

Les pronoms personnels employés dans la conjugaison des verbes sont :

| | | | |
|---|---|---|---|
| *Eu*, | je | *Nós*, | nous |
| *Tu*, | tu | *Vós*, | vous |
| *Elle*, | il | *Elles*, | ils |
| *Ella*, | elle | *Ellas*, | elles |

Les Portugais, lorsqu'ils ne se tutoient pas, se parlent à la troisième personne avec les formules *o Senhor*, Monsieur ; *Vossemecê*, Votre Grâce ; *Vossa Senhoria*, Votre Seigneurie ; *Você* (abréviation de *Vossemecê*) ; et *Vossa Excellencia*, Votre Excellence. Le plus usité de tous ces titres honorifiques est *o Senhor* qu'on écrit généralement par abréviation *o Sñr*.

Voici les abréviations des autres titres comme on les emploie généralement :

| | | |
|---|---|---|
| *V. Mce.* | abréviation de | *Vossemecê.* |
| *V. Sa.* | — | *Vossa Senhoria.* |
| *V.* | — | *Você.* |
| *V. Exa.* | — | *Vossa Excellencia.* |

## *TER.*—AVOIR.

### INDICATIF

#### *Présent.*

| | | | |
|---|---|---|---|
| *Eu tenho,* | j'ai. | *Nós temos,* | nous avons. |
| *Tu tens,* | tu as. | *Vós tendes,* | vous avez. |
| *Elle tem,* | il a. | *Elles teem,* | ils ont. |

#### *Imparfait.*

| | | | |
|---|---|---|---|
| *Eu tinha,* | j'avais. | *Nós tinhamos,* | nous avions. |
| *Tu tinhas,* | tu avais. | *Vós tinheis,* | vous aviez. |
| *Elle tinha,* | il avait. | *Elles tinham,* | ils avaient. |

#### *Prétérit défini.*

| | | | |
|---|---|---|---|
| *Eu tive,* | j'eus. | *Nós tivemos,* | nous eûmes. |
| *Tu tiveste,* | tu eus. | *Vós tivestes,* | vous eûtes. |
| *Elle teve,* | il eut. | *Elles tiveram,* | ils eurent. |

#### *Passé* ou *prétérit indéfini.*

| | | | |
|---|---|---|---|
| *Eu tenho tido,* | j'ai eu. | *Nós temos tido,* | nous avons eu. |
| *Tu tens tido,* | tu as eu. | *Vós tendes tido,* | vous avez eu, |
| *Elle tem tido,* | il a eu. | *Elles teem tido,* | ils ont eu. |

#### *Plus-que-parfait.*

| | | | |
|---|---|---|---|
| *Eu tivera,* | j'avais eu. | *Nós tivéramos,* | nous avions eu. |
| *Tu tiveras,* | tu avais eu. | *Vós tivereis,* | vous aviez eu. |
| *Elle tivera,* | il avait eu. | *Elles tiveram,* | ils avaient eu. |

#### *Plus-que-parfait composé.*

| | | | |
|---|---|---|---|
| *Eu tinha tido,* | j'avais eu. | *Nós tinhamos tido,* | nous avions eu. |
| *Tu tinhas tido,* | tu avais eu. | *Vós tinheis tido,* | vous aviez eu. |
| *Elle tinha tido,* | il avait eu. | *Elles tinham tido,* | ils avaient eu. |

### *Futur.*

| | | | |
|---|---|---|---|
| *Eu terei,* | j'aurai. | *Nós teremos,* | nous aurons. |
| *Tu terás,* | tu auras. | *Vós tereis,* | vous aurez. |
| *Elle terá,* | il aura. | *Elles terão,* | ils auront. |

### *Futur antérieur.*

| | | | |
|---|---|---|---|
| *Eu terei tido,* | j'aurai eu. | *Nós teremos tido,* | nous aurons eu. |
| *Tu terás tido,* | tu auras eu. | *Vós tereis tido,* | vous aurez eu. |
| *Elle terá tido,* | il aura eu. | *Elles terão tido,* | ils auront eu. |

### *Autre futur.*

| | |
|---|---|
| *Eu hei de ter,* | je dois avoir ou j'aurai. |
| *Tu has de ter,* | tu dois avoir, etc. |
| *Elle ha de ter,* | il doit avoir. |
| *Nós havemos de ter,* | nous devons avoir. |
| *Vós haveis de ter,* | vous devez avoir. |
| *Elles hão de ter,* | ils doivent avoir. |

## CONDITIONNEL

### *Présent.*

| | | | |
|---|---|---|---|
| *Eu teria,* | j'aurais. | *Nós teriamos,* | nous aurions. |
| *Tu terias,* | tu aurais. | *Vós terieis,* | vous auriez. |
| *Elle teria,* | il aurait. | *Elles teriam,* | ils auraient. |

### *Passé.*

| | | | |
|---|---|---|---|
| *Eu teria tido,* | j'aurais eu. | *Nós teriamos tido,* | nous aurions eu. |
| *Tu terias tido,* | tu aurais eu. | *Vós terieis tido,* | vous auriez eu. |
| *Elle teria tido,* | il aurait eu. | *Elles teriam tido,* | ils auraient eu. |

## IMPÉRATIF

| | |
|---|---|
| *Tem tu,* | aie. |
| *Tenha elle,* | qu'il ait. |
| *Tenhamos nós,* | ayons. |
| *Tende vós,* | ayez. |
| *Tenham elles,* | qu'ils aient. |

## SUBJONCTIF

### *Présent.*

| | | | |
|---|---|---|---|
| *Que eu tenha,* | que j'aie. | *Que nós tenhamos,* | que nous ayons. |
| *Que tu tenhas,* | que tu aies. | *Que vós tenhais,* | que vous ayez. |
| *Que elle tenha,* | qu'il ait. | *Que elles tenham,* | qu'ils aient. |

### *Imparfait.*

| | |
|---|---|
| *Que eu tivesse,* | que j'eusse. |
| *Que tu tivesses,* | que tu eusses. |
| *Que elle tivesse,* | qu'il eût. |
| *Que nós tivessemos,* | que nous eussions. |
| *Que vós tivesseis,* | que vous eussiez. |
| *Que elles tivessem,* | qu'ils eussent. |

### *Autre imparfait.*

| | | | |
|---|---|---|---|
| *Se eu tivesse,* | si j'avais. | *Se nós tivessemos,* | si nous avions. |
| *Se tu tivesses,* | si tu avais. | *Se vós tivesseis,* | si vous aviez. |
| *Se elle tivesse,* | s'il avait. | *Se elles tivessem.* | s'ils avaient. |

### *Passé.*

| | |
|---|---|
| *Que eu tenha tido,* | que j'aie eu. |
| *Que tu tenhas tido,* | que tu aies eu. |
| *Que elle tenha tido,* | qu'il ait eu. |
| *Que nós tenhamos tido,* | que nous ayons eu. |
| *Que vós tenhais tido,* | que vous ayez eu. |
| *Que elles tenham tido,* | qu'ils aient eu. |

### *Plus-que-parfait.*

| | |
|---|---|
| *Que eu tivesse tido,* | que j'eusse eu. |
| *Que tu tivesses tido,* | que tu eusses eu. |
| *Que elle tivesse tido,* | qu'il eût eu. |
| *Que nós tivessemos tido,* | que nous eussions eu. |
| *Que vós tivesseis tido,* | que vous eussiez eu. |
| *Que elles tivessem tido,* | qu'ils eussent eu. |

## *Autre plus-que-parfait.*

| | |
|---|---|
| *Se eu tivesse tido,* | si j'avais eu. |
| *Se tu tivesses tido,* | si tu avais eu. |
| *Se elle tivesse tido,* | s'il avait eu. |
| *Se nós tivessemos tido,* | si nous avions eu. |
| *Se vós tivesseis tido,* | si vous aviez eu. |
| *Se elles tivessem tido,* | s'ils avaient eu. |

## *Futur.*

| | | | |
|---|---|---|---|
| *Se eu tiver,* | si j'ai. | *Se nós tivermos,* | si nous avons. |
| *Se tu tiveres,* | si tu as. | *Se vós tiverdes,* | si vous avez. |
| *Se elle tiver,* | s'il a. | *Se elles tiverem,* | s'ils ont. |

## *Autre futur.*

| | |
|---|---|
| *Quando eu tiver,* | quand j'aurai. |
| *Quando tu tiveres,* | quand tu auras. |
| *Quando elle tiver,* | quand il aura. |
| *Quando nós tivermos,* | quand nous aurons. |
| *Quando vós tiverdes,* | quand vous aurez. |
| *Quando elles tiverem,* | quand ils auront. |

## *Futur composé.*

| | |
|---|---|
| *Se eu tiver tido,* | si j'ai eu. |
| *Se tu tiveres tido,* | si tu as eu. |
| *Se elle tiver tido,* | s'il a eu. |
| *Se nós tivermos tido,* | si nous avons eu. |
| *Se vós tiverdes tido,* | si vous avez eu. |
| *Se elles tiverem tido,* | s'ils ont eu. |

## *Autre futur composé.*

| | |
|---|---|
| *Quando eu tiver tido,* | quand j'aurai eu. |
| *Quando tu tiveres tido,* | quand tu auras eu. |
| *Quando elle tiver tido,* | quand il aura eu. |
| *Quando nós tivermos tido,* | quand nous aurons eu. |
| *Quando vós tiverdes tido,* | quand vous aurez eu |
| *Quando elles tiverem tido,* | quand ils auront eu. |

### INFINITIF

#### *Présent impersonnel.*

*Ter*, avoir.

#### *Participe présent impersonnel.*

*Tendo*, ayant.

#### *Participe présent personnel.*

| | |
|---|---|
| *Tendo eu*[1]. | *Tendo nós* |
| *Tendo tu.* | *Tendo vós.* |
| *Tendo elle.* | *Tendo elles.* |

#### *Participe passé.*

| | |
|---|---|
| *Tido*, | eu. |
| *Tida*, | eue. |
| *Tidos*, | eus. |
| *Tidas*, | eues |

#### *Participe passé composé impersonnel.*

*Tendo tido*, ayant eu.

#### *Participe passé composé personnel.*

| | |
|---|---|
| *Tendo eu tido.* | *Tendo nós tido.* |
| *Tendo tu tido.* | *Tendo vós tido.* |
| *Tendo elle tido.* | *Tendo elles tido.* |

#### *Présent personnel*

| | |
|---|---|
| *Ter eu.* | *Termos nós.* |
| *Teres tu.* | *Terdes vós.* |
| *Ter elle.* | *Terem elles.* |

---

[1] Les temps personnels de l'infinitif portugais manquent complétement en français. Voici la traduction littérale : *moi ayant, toi ayant*, etc.

### *Passé impersonnel.*

*Ter tido*, avoir eu.

### *Passé personnel.*

| | |
|---|---|
| *Ter eu tido.* | *Termos nós tido.* |
| *Teres tu tido.* | *Terdes vós tido.* |
| *Ter elle tido.* | *Terem elles tido.* |

### *Futur impersonnel.*

*Haver de ter*, devoir avoir.

### *Futur personnel.*

| | |
|---|---|
| *Haver eu de ter.* | *Havermos nós de ter.* |
| *Haveres tu de ter.* | *Haverdes vós de ter.* |
| *Haver elle de ter.* | *Haverem elles de ter.* |

### *Futur impersonnel.*

*Havendo de ter*, devant avoir.

### *Futur personnel.*

| | |
|---|---|
| *Havendo eu de ter.* | *Havendo nós de ter.* |
| *Havendo tu de ter.* | *Havendo vós de ter.* |
| *Havendo elle de ter.* | *Havendo elles de ter.* |

## *HAVER*[1]. — AVOIR.

### INFINITIF

| | |
|---|---|
| *Haver,* | avoir. |
| *Havendo,* | ayant. |
| *Havido,* | eu. |

### INDICATIF

#### *Présent.*

| | | | |
|---|---|---|---|
| *Eu hei,* | j'ai. | *Nós hemos*[2] ou *havemos,* | nous avons. |
| *Tu has,* | tu as. | *Vós heis*[3] ou *haveis,* | vous avez. |
| *Elle ha,* | il a. | *Elles hão,* | ils ont. |

#### *Imparfait.*

| | | | |
|---|---|---|---|
| *Eu havia,* | j'avais. | *Nós haviamos,* | nous avions, |
| *Tu havias,* | tu avais. | *Vós havieis,* | vous aviez. |
| *Elle havia,* | il avait. | *Elles haviam,* | ils avaient. |

#### *Prétérit défini.*

| | | | |
|---|---|---|---|
| *Eu houve,* | j'eus. | *Nós houvemos,* | nous eûmes. |
| *Tu houveste,* | tu eus, | *Vós houvestes,* | vous eûtes. |
| *Elle houve,* | il eut. | *Elles houveram,* | ils eurent. |

#### *Plus-que-parfait.*

| | | | |
|---|---|---|---|
| *Eu houvera,* | j'avais eu. | *Nós houveramos,* | nous avions eu. |
| *Tu houveras,* | tu avais eu. | *Vós houvereis,* | vous aviez eu. |
| *Elle houvera,* | il avait eu. | *Elles houveram.* | ils avaient eu. |

#### *Futur.*

| | | | |
|---|---|---|---|
| *Eu naverei,* | j'aurai. | *Nós haveremos,* | nous aurons. |
| *Tu haverás,* | tu auras. | *Vós havereis,* | vous aurez. |
| *Elle haverá,* | il aura. | *Elles haverão,* | ils auront. |

---

[1] Je crois inutile de mettre les temps composés. Ils se forment tous avec les verbes *ter* ou *haver* et le participe passé du verbe qu'on veut conjuguer.

[2] Peu usité.

[3] Peu usité.

## CONDITIONNEL

### *Présent.*

| | | | |
|---|---|---|---|
| *Eu haveria,* | j'aurais. | *Nós haveriamos,* | nous aurions. |
| *Tu haverias,* | tu aurais. | *Vós haverieis,* | vous auriez. |
| *Elle haveria,* | il aurait. | *Elles haveriam,* | ils auraient. |

## SUBJONCTIF[1]

| | | | |
|---|---|---|---|
| *Que eu haja,* | que j'aie. | *Que nós hajamos,* | que nous ayons. |
| *Que tu hajas,* | que tu aies. | *Que vós hajais,* | que vous ayez. |
| *Que elle haja,* | qu'il ait. | *Que elles hajam,* | qu'ils aient. |

### *Imparfait.*

| | |
|---|---|
| *Que eu houvesse,* | que j'eusse. |
| *Que tu houvesses,* | que tu eusses. |
| *Que elle houvesse,* | qu'il eût. |
| *Que nós houvessemos,* | que nous eussions. |
| *Que vós houvesseis,* | que vous eussiez. |
| *Que elles houvessem,* | qu'ils eussent. |

### *Autre imparfait.*

| | | | |
|---|---|---|---|
| *Se eu houvesse,* | si j'avais. | *Se nós houvessemos,* | si nous avions. |
| *Se tu houvesses,* | si tu avais. | *Se vós houvesseis,* | si vous aviez. |
| *Se elle houvesse,* | s'il avait. | *Se elles houvessem,* | s'ils avaient. |

### *Futur.*

| | | | |
|---|---|---|---|
| *Se eu houver,* | si j'ai. | *Se nós houvermos,* | si nous avons. |
| *Se tu houveres,* | si tu as. | *Se vós houverdes,* | si vous avez. |
| *Se elle houver,* | s'il a. | *Se elles houverem,* | s'ils ont. |

### *Autre futur.*

| | |
|---|---|
| *Quando eu houver,* | quand j'aurai. |
| *Quando tu houveres,* | quand tu auras. |
| *Quando elle houver,* | quand il aura. |
| *Quando nós houvermos,* | quand nous aurons. |
| *Quando vós houverdes,* | quand vous aurez. |
| *Quando elles houverem,* | quand ils auront. |

[1] Le verbe *haver* n'a pas d'impératif.

## Remarques sur les verbes TER et HAVER.

Le verbe *haver* est moins employé comme auxiliaire que le verbe *ter*. On emploie généralement le verbe *ter*. Au passé de l'indicatif et au futur antérieur on ne peut se servir du verbe *haver* comme auxiliaire.

*Ter* est aussi un verbe actif.

*Haver* est aussi un verbe unipersonnel et signifie *y avoir*. Dans cette acception il n'a pas de pluriel.

### I.

Tu tens. — Nós tinhamos. — Eu tenho. — Nós havemos. — Tenham elles. — Quando eu tiver. — Se elle tivesse. — Eu haveria. — Elles terão. — Eu haveria. — Elle ha de ter. — Havendo. — Teriam tido. — Eu tivera. — Que eu haja. — Tendo. — Elles teriam. — Se eu tivesse tido. — Que elles tenham. — Nós teremos. — Nós tinhamos. — Vós tivestes. — Vós tendes. — Elles teem tido. — Vós terieis. — Havendo tido. — Tende vós. — Tiveram. — Elle tem. — Tem tu. — Se nós tivéssemos.

### II.

Nous aurons. — J'avais. — Il aurait eu. — J'ai eu. — Qu'ils aient. — Vous aviez eu. — Nous aurions. — Avoir eu. — Que j'eusse. — Ayons. — Nous avions. — Elles ont eu. — J'ai. — Que nous eussions eu. — Qu'elles aient. — Vous auriez. — Ils eurent. — Ayant. — Nous aurons. — Il aurait eu. — Ils avaient. — Vous avez. — Tu avais eu. — Ils auront. — Tu as. — J'aurais. — Vous avez.

# ARTICLES. — NOMS

| Article défini. | | Article indéfini. | |
|---|---|---|---|
| *O,* | le. | *Um,* | un. |
| *A,* | la. | *Uma,* | une. |
| *Os,* | les. | *Uns,* | des. |
| *As,* | les (fém.). | *Umas,* | des (fém.). |

## Formation du pluriel des Substantifs.

Le pluriel des substantifs terminés par une voyelle se forme par l'addition d'un *s* :

*Casa, casas,* maison ; *verdade, verdades,* vérité ; *livro, livros,* livre.

Il faut excepter quelques noms terminés en *ão* qui forment leur pluriel en changeant *ão* en *ães.*

*Cão, cães,* chien ; *tabellião, tabelliães,* notaire ; *escrivão, escrivães,* écrivain.

Il y en a aussi qui forment le pluriel en changeant *ão* en *ões.*

*Coração, corações,* cœur ; *melão, melões,* melon.

Ceux qui terminent en *m* forment leur pluriel en changeant *m* en *ns.*

*Imagem, imagens,* image ; *viagem, viagens,* voyage ; *dom, dons,* don.

Les substantifs terminés en *r* ou *z* forment leur pluriel en ajoutant *es.*

*Flor, flores,* fleur ; *rapaz, rapazes,* garçon.

Les noms terminés en *al, ol, ul,* changent au pluriel *l* en *es.*

*Girasol, girasoes,* tournesol ; *metal, metaes,* métal ; *paul, paues,* marécage.

Les substantifs terminés en *il* forment leur pluriel en changeant *l* en *s.*

*Barril, barris,* petit tonneau ; *funil, funis,* entonnoir.

Les noms terminés en *el* forment leur pluriel par le changement de *l* en *is*.

*Cordel*, *cordeis*, ficelle ; *batel*, *bateis*, petit bateau.

## III.

### VOCABULAIRE.

| | | | |
|---|---|---|---|
| *Meza*, | table. | *Annel*, | bague. |
| *Arvore*, | arbre. | *Cabellos*, | cheveux. |
| *Carruagem*, | voiture. | *Discipulo*, | élève. |
| *Cavallo*, | cheval. | *Rua*, | rue. |
| *Dinheiro*, | argent. | *Cidade*, | ville. |
| *Alfinete*, | épingle. | *Amigo*, | ami. |
| *Relogio*, | montre. | *Chapéo*, | chapeau. |
| *Somno*, | sommeil. | *Aquelle*, | celui-là. |
| *Espelho*, | miroir. | *Este*, | celui-ci. |
| *Muito*, | beaucoup. | *De*, | de. |
| *Pouco*, | peu. | *E*, | et. |

Tenho uma meza[1]. — O Sñr tem[2] muitas arvores. — Teremos carruagens. — Tinhamos cavallos. — Elles teem dinheiro. — Se tivesse um alfinete. — Elles tiveram relogios. — Tenho muito somno. — Tinham muitos[3] espelhos. — O Sñr tinha poucos anneis. — Nós teremos cabellos. — Tinham discipulos. — A cidade tem muitas ruas. — Se tivessemos amigos. — Teriamos chapéos. — Aquelle cavallo tem somno. — Esta carruagem tem um espelho. — Aquelle amigo tem um alfinete. — Aquella rua tem arvores.

---

[1] On supprime généralement en portugais les pronoms personnels dans la conversation.

[2] *Vous avez.*

[3] Les adverbes *muito*, beaucoup, *pouco*, peu et *demasiado*, trop, sont quelquefois de vrais adjectifs en portugais, et comme tels, sujets à la variation de genre et de nombre, pour s'accorder avec les substantifs.

## IV.

### VOCABULAIRE.

| | | | |
|---|---|---|---|
| Demain, | *amanhã.* | Prospérité, | *prosperidade.* |
| Crayon, | *lápis.* | Patrie, | *patria.* |
| Aiguille, | *agulha.* | Couteau, | *faca.* |
| Soulier, | *sapato.* | Assiette, | *prato.* |
| Jardin, | *jardim.* | Encre, | *tinta.* |
| Bouchon, | *rolha.* | Bonté, | *bondade.* |
| Cuisinier, | *cosinheiro.* | Fleur, | *flor.* |
| Mérite, | *mérito.* | Lettre, | *carta.* |

**Demain vous aurez des[1] aiguilles. — Ils avaient des crayons. — Ils ont des souliers. — J'aurai un jardin. — Ils auraient des bouchons. — Que nous ayons des cuisiniers. — Vous aurez du mérite. — Qu'ils aient de la prospérité. — Nous avions une patrie. — Nous aurons des assiettes. — Si nous avions de l'encre. — Ayez la bonté. — Il avait une fleur dans le jardin. — Vous aurez des lettres.**

**Le verbe unipersonnel *y avoir*, avons-nous dit, se rend en portugais par le verbe *haver*.**

## V.

### VOCABULAIRE.

| | | | |
|---|---|---|---|
| *Musica,* | musique. | *Espingarda,* | fusil. |
| *Dinheiro*[2], | argent. | *Queijo,* | fromage. |
| *Vinho,* | vin. | *Dedal,* | dé. |
| *Vestido,* | robe. | *Alfayate,* | tailleur. |
| *Carvão,* | charbon. | *Pão,* | pain. |
| *Padeiro,* | boulanger. | *Visinho,* | voisin. |

---

[1] L'article indéterminé *du*, *de*, *de la*, *des* ne se rend jamais en portugais.

[2] *Argent* se dit *dinheiro* quand il est question de monnaie, et *prata* quand il s'agit du métal.

Ha musica. — Havia vestidos. — Haverá carvão. — Se houvesse padeiros. — Haveria dedaes. — Houve alfayates. — Ha pão. — Que haja visinhos. — Se houvesse dinheiro. — Houve queijo. — Teria havido espingardas.

VI.

VOCABULAIRE.

| | | | |
|---|---|---|---|
| *Fruits,* | fructa. | *Grand,* | grande. |
| *Dîner,* | jantar. | *Route,* | estrada. |

Il y aura des fruits. — Demain il y aura un grand dîner. — Il y aurait des routes.

## Exercices sur les verbes HAVER et TER, conjugués affirmativement, négativement, interrogativement.

VII.

Não tenho. — Teria o Sñr? — Não temos? — Tiveram. — Não tinham? — Se elles não tivessem? — Tu tens? — Ella tinha? — Teremos nós? — Hão de ter? — Eu não tinha.

VIII.

Ayons. — Vous n'avez pas. — Ont-ils? — Avions-nous? — Ils auront. — Nous n'aurons pas. — Que j'eusse eu. — A-t-elle? — Aurions-nous? — N'avaient-ils pas eu? — Elles auraient.

IX.

VOCABULAIRE.

| | | | |
|---|---|---|---|
| *Bota,* | botte. | *Medo,* | peur. |
| *Ovo,* | œuf. | *Lama,* | boue. |
| *Calças,* | pantalon. | *Agua,* | eau. |
| *Em,* | dans. | *Gallinha,* | poule. |

| | | | |
|---|---|---|---|
| *No (em o),* | dans le. | *Penna,* | plume. |
| *Poço,* | puits. | *Moinho,* | moulin. |
| *Legume,* | légume. | *Discipulo,* | élève. |
| *Difficuldade,* | difficulté. | *Caixa,* | boîte. |
| *Espingarda,* | fusil. | *Carneiro,* | mouton. |
| *Burro,* | âne. | *Luva,* | gant. |
| *Porta,* | porte. | *Paciencia,* | patience. |
| *Orelha,* | oreille. | *Garrafa,* | bouteille. |
| *Theatro,* | théâtre. | *Senhora,* | dame. |

**Não tenho botas. — O Sñr não tem ovos? — Eu não tinha calças. — O Sñr não tinha medo. — Havia muita lama? — Não tinham medo. — Havia muita agua no poço. — Teriam carruagem? — Não haverá legumes. — Se elles tivessem grandes difficuldades. — Aquelle burro tem orelhas? — Esta gallinha não tem pennas. — O Sñr terá moinhos? — Ella não tem discipulos. — Tenho muitos discipulos? — Eu não hei de ter caixas. — Não teem luvas. — Não ha flores no jardim? — Eu não tinha dinheiro. — A garrafa não tem vinho? — Havia muitas senhoras no theatro? — Esta casa não tem portas. — Não tens paciencia? — Tu não terás carneiros. — Teem espingardas?**

## X.

### VOCABULAIRE.

| | | | |
|---|---|---|---|
| *Gant,* | luva. | *Dentelle,* | renda. |
| *Mouchoir,* | lenço. | *Chapeau,* | chapéo. |
| *Thé,* | chá. | *Montre,* | relogio. |
| *Vin,* | vinho. | *Frère,* | irmão. |
| *Chien,* | cão. | *Sœur,* | irmã. |
| *Sucre,* | assucar. | *Père,* | pai. |
| *Cousin,* | primo. | *Patience,* | paciencia. |
| *Cheval,* | cavallo. | *Maison,* | casa. |
| *Temps,* | tempo. | *Pain,* | pão. |
| *Enfant,* | filho. | *Héritage,* | herança. |

| | | | |
|---|---|---|---|
| *Chou,* | couve. | *Jardin,* | horta. |
| *Dans le,* | no (em o). | *Bal,* | baile, |
| *Palais,* | palacio. | *Roi,* | rei. |
| *Arbre,* | arvore. | *Foi,* | fé. |

**Nous n'avons pas de gants. — Avez-vous un mouchoir? — Ils avaient du thé. — N'ai-je pas du vin? — Il a beaucoup de chiens. — Nous n'avons pas de sucre. — Elles auront beaucoup de dentelles. — Avaient-ils beaucoup de chapeaux? — Si j'avais une montre. — Elles ont un frère. — J'avais une sœur. — Il n'avait pas de père. — Elle n'avait pas de mère. — Vous aurez un cousin. — Ont-ils beaucoup de chevaux? — Ils n'auront pas le temps. — Elles n'avaient pas d'enfants. — S'il avait de la patience il aurait une maison. — Auraient-ils du pain? — Ils n'auront pas d'héritage. — Il n'y avait pas de choux dans le jardin. — Y aura-t-il un bal dans le palais du roi? — Il y avait beaucoup d'arbres. — Ils n'auraient pas de foi.**

## Exercices mnémoniques sur les verbes TER et HAVER et le pluriel des substantifs.

| | |
|---|---|
| Nous avons beaucoup de maisons. | *Temos muitas casas.* |
| Vous aurez des chiens dans le jardin. | *O Sñr ha de ter cães no jardim.* |
| Il y avait beaucoup de notaires. | *Havia muitos tabelliães.* |
| Nous avions des melons. | *Tinhamos melões.* |
| Il y aura des images. | *Haverá imagens.* |
| Nous aurions des fleurs. | *Teriamos flores.* |
| Il a beaucoup de garçons. | *Tem muitos rapazes.* |
| Si j'avais des tournesols. | *Se tivesse girasoes.* |
| Ils n'avaient pas de métaux. | *Não tinham metaes.* |
| Il avait peu de marécages. | *Tinha poucos paues.* |
| Avez-vous des ficelles? | *Tem cordeis?* |

## ADJECTIFS

### Du genre et du nombre des adjectifs.

**Les adjectifs terminés en *o* changent cette lettre en *a* pour former le féminin :**

*Modesto, modesta,* modeste ; *sabio, sabia,* savant.

**Les adjectifs terminés en ão perdent l'*o* au féminin :**

*Castellão, castellã,* châtelain ; *villão, villã,* rustre.

**Les adjectifs terminés en *e, l, m, n, r, z,* en général ne varient pas au féminin :**

*Ardente,* ardent ; *facil,* facile ; *selvagem,* sauvage ; *joven,* jeune ; *familiar,* familier ; *feroz,* féroce.

**Les adjectifs qui désignent la nationalité ajoutent un *a* au féminin :**

*Hespanhol, hespanhola,* espagnol ; *portuguez, portugueza,* portugais ; *francez, franceza,* français ; *inglez, ingleza,* anglais.

**Les adjectifs en *or* forment leur féminin en ajoutant un *a* :**

*Emprehendedor, emprehendedora,* entreprenant ; *amador, amadora,* amateur.

**Le pluriel des adjectifs se forme généralement comme celui des substantifs, à l'exception de ceux terminés en *il* qui font leur pluriel en *eis* :**

*Futil, futeis,* futile ; *util, uteis,* utile.

### XI.

**As Hespanholas. — Estas lições são faceis. — Estas Francezas são jovens. — As Allemãs. — As Inglezas são sabias.**

### XII.

**Une femme (*mulher*) espagnole. — Les Françaises. — Une femme entreprenante. — Les Portugaises.**

## *SER.* — ÊTRE.

### INFINITIF

| | |
|---|---|
| *Ser,* | être. |
| *Sendo,* | étant. |
| *Sido,* | été. |

### INDICATIF

#### *Présent.*

| | | | |
|---|---|---|---|
| *Eu sou,* | je suis. | *Nós somos,* | nous sommes. |
| *Tu és,* | tu es. | *Vós sois,* | vous êtes. |
| *Elle é,* | il est. | *Elles são,* | ils sont. |

#### *Imparfait.*

| | | | |
|---|---|---|---|
| *Eu era,* | j'étais. | *Nós eramos,* | nous étions. |
| *Tu eras,* | tu étais. | *Vós ereis,* | vous étiez. |
| *Elle era,* | il était. | *Elles eram,* | ils étaient. |

#### *Prétérit défini.*

| | | | |
|---|---|---|---|
| *Eu fui,* | je fus. | *Nós fomos,* | nous fûmes. |
| *Tu foste,* | tu fus. | *Vós fostes,* | vous fûtes. |
| *Elle foi,* | il fut. | *Elles fôram,* | ils furent. |

#### *Plus-que-parfait.*

| | | | |
|---|---|---|---|
| *Eu fôra,* | j'avais été. | *Nós fôramos,* | nous avions été. |
| *Tu fôras,* | tu avais été. | *Vós fôreis,* | vous aviez été. |
| *Elle fôra,* | il avait été. | *Elles fôram,* | ils avaient été. |

#### *Futur.*

| | | | |
|---|---|---|---|
| *Eu serei,* | je serai. | *Nós seremos,* | nous serons. |
| *Tu serás,* | tu seras. | *Vós sereis,* | vous serez. |
| *Elle será,* | il sera. | *Elles serão,* | ils seront. |

### CONDITIONNEL

#### *Présent.*

| | | | |
|---|---|---|---|
| *Eu seria,* | je serais. | *Nós seriamos,* | nous serions. |
| *Tu serias,* | tu serais. | *Vós serieis,* | vous seriez. |
| *Elle seria,* | il serait. | *Elles seriam,* | ils seraient. |

### IMPÉRATIF

| | |
|---|---|
| *Sê tu,* | sois. |
| *Seja elle,* | qu'il soit. |
| *Sejamos nós,* | soyons. |
| *Sêde vós,* | soyez. |
| *Sejam elles,* | qu'ils soient. |

### SUBJONCTIF

#### *Présent.*

| | |
|---|---|
| *Que eu seja,* | que je sois. |
| *Que tu sejas,* | que tu sois. |
| *Que elle seja,* | qu'il soit. |
| *Que nós sejamos,* | que nous soyons. |
| *Que vós sejais,* | que vous soyez. |
| *Que elles sejam,* | qu'ils soient. |

#### *Imparfait.*

| | |
|---|---|
| *Que eu fôsse,* | que je fusse. |
| *Que tu fôsses,* | que tu fusses. |
| *Que elle fôsse,* | qu'il fût. |
| *Que nós fôssemos,* | que nous fussions. |
| *Que vós fôsseis.* | que vous fussiez. |
| *Que elles fôssem,* | qu'ils fussent. |

#### *Autre imparfait.*

| | | | |
|---|---|---|---|
| *Se eu fôsse,* | si j'étais. | *Se nós fôssemos,* | si nous étions. |
| *Se tu fôsses,* | si tu étais. | *Se vós fôsseis,* | si vous étiez. |
| *Se elle fôsse,* | s'il était. | *Se elles fôssem,* | s'ils étaient. |

2

### *Futur.*

| | |
|---|---|
| *Se eu fôr,* | si je suis. |
| *Se tu fôres,* | si tu es. |
| *Se elle fôr,* | s'il est. |
| *Se nós formos,* | si nous sommes. |
| *Se vós fôrdes,* | si vous êtes. |
| *Se elles fôrem,* | s'ils sont. |

### *Autre futur.*

| | |
|---|---|
| *Quando eu fôr,* | quand je serai. |
| *Quando tu fôres,* | quand tu seras. |
| *Quando elle fôr,* | quand il sera. |
| *Quando nós formos,* | quand nous serons. |
| *Quando vós fôrdes,* | quand vous serez. |
| *Quando elles fôrem,* | quand ils seront. |

## *ESTAR.* — ÊTRE.

#### INFINITIF

| | |
|---|---|
| *Estar,* | être. |
| *Estando,* | étant. |
| *Estado,* | été. |

#### INDICATIF

### *Présent.*

| | | | |
|---|---|---|---|
| *Eu estou,* | je suis. | *Nós estamos,* | nous sommes. |
| *Tu estás,* | tu es. | *Vós estais,* | vous êtes. |
| *Elle está,* | il est. | *Elles estão.* | ils sont. |

### *Imparfait.*

| | | | |
|---|---|---|---|
| *Eu estava,* | j'étais. | *Nós estávamos,* | nous étions. |
| *Tu estavas,* | tu étais. | *Vós estaveis,* | vous étiez. |
| *Elle estava,* | il était. | *Elles estavam,* | ils étaient. |

### *Prétérit défini.*

| | | | |
|---|---|---|---|
| *Eu estive,* | je fus. | *Nós estivemos,* | nous fûmes. |
| *Tu estiveste,* | tu fus. | *Vós estivestes,* | vous fûtes. |
| *Elle esteve,* | il fut. | *Elles estiveram,* | ils furent. |

### *Plus-que-parfait.*

| | | | |
|---|---|---|---|
| *Eu estivera,* | j'avais été. | *Nós estiveramos,* | nous avions été. |
| *Tu estiveras,* | tu avais été. | *Vós estivereis,* | vous aviez été. |
| *Elle estivera,* | il avait été. | *Elles estiveram,* | ils avaient été. |

### *Futur.*

| | | | |
|---|---|---|---|
| *Eu estarei,* | je serai. | *Nós estaremos,* | nous serons. |
| *Tu estarás,* | tu seras. | *Vós estareis,* | vous serez. |
| *Elle estará,* | il sera. | *Elles estarão,* | ils seront. |

## CONDITIONNEL

### *Présent.*

| | | | |
|---|---|---|---|
| *Eu estaria,* | je serais. | *Nós estariamos,* | nous serions. |
| *Tu estarias,* | tu serais. | *Vós estarieis,* | vous seriez. |
| *Elle estaria,* | il serait. | *Elles estariam,* | ils seraient. |

## IMPÉRATIF

| | |
|---|---|
| *Está tu,* | sois. |
| *Esteja elle,* | qu'il soit. |
| *Estejamos nós,* | soyons. |
| *Estai vós,* | soyez. |
| *Estejam elles,* | qu'ils soient. |

## SUBJONCTIF

### *Présent.*

| | |
|---|---|
| *Que eu esteja,* | que je sois. |
| *Que tu estejas,* | que tu sois. |
| *Que elle esteja,* | qu'il soit. |
| *Que nós estejamos,* | que nous soyons. |
| *Que vos estejais,* | que vous soyez. |
| *Que elles estejam,* | qu'ils soient. |

### *Imparfait.*

| | |
|---|---|
| *Que eu estivesse,* | que je fusse. |
| *Que tu estivesses,* | que tu fusses. |
| *Que elle estivesse,* | qu'il fût. |
| *Que nós estivessemos,* | que nous fussions. |
| *Que vós estivesseis,* | que vous fussiez. |
| *Que elles estivessem,* | qu'ils fussent. |

### *Autre imparfait.*

| | |
|---|---|
| *Se eu estivesse,* | si j'étais. |
| *Se tu estivesses,* | si tu étais. |
| *Se elle estivesse,* | s'il était. |
| *Se nós estivessemos,* | si nous étions. |
| *Se vós estivesseis,* | si vous étiez. |
| *Se elles estivessem,* | s'ils étaient. |

### *Futur.*

| | |
|---|---|
| *Se eu estiver,* | si je suis. |
| *Se tu estiveres,* | si tu es. |
| *Se elle estiver,* | s'il est. |
| *Se nós estivermos,* | si nous sommes. |
| *Se vós estiverdes,* | si vous êtes. |
| *Se elles estiverem,* | s'ils sont. |

### *Autre futur.*

| | |
|---|---|
| *Quando eu estiver,* | quand je serai. |
| *Quando tu estiveres,* | quand tu seras. |
| *Quando elle estiver,* | quand il sera. |
| *Quando nós estivermos,* | quand nous serons. |
| *Quando vós estiverdes,* | quand vous serez. |
| *Quando elles estiverem,* | quand ils seront. |

## Remarques sur les verbes SER et ESTAR

Les deux verbes *ser* et *estar* se traduisent en français par *être ;* mais ils ne peuvent pas être employés indistinctement, chacun d'eux ayant une signification différente.

Lorsque le verbe *être* indique permanence ou demeure dans un lieu, on doit le traduire par *estar*.

On doit employer le verbe *estar* devant tous les adjectifs qui indiquent un état accidentel, anormal ou transitoire quand on veut signifier que cet état est arrivé par accident ou par changement.

Devant les participes passés qui ont une signification adjective, on doit employer *estar*.

Pour indiquer la matière dont une chose est faite, on doit employer le verbe *ser*.

Pour désigner les propriétés physiques des choses ou les qualités caractéristiques des personnes, on doit aussi employer le verbe *ser*.

### XIII.

Sou. — Estava. — Eramos. — Se eu fosse. — Estariam. — Serei. — Tinham sido. — Hás de estar. — Sê. — Eram. — Seremos. — Hei de ser. — Teriam estado. — Estiveramos. — Seriam. — Quando nós estivermos. — Seriamos. — Serão. — Fomos. — Eramos. — Tinhamos sido. — Haviam estado. — Se elles estivessem. — Quando elles fôrem. — Tinham estado. — Estaremos. — Sejamos. — Seremos. — Estariamos. — Que tu estejas. — Elle estaria. — Se eu fôr. — Haver sido. — Ter estado. — Elles são. — Estavamos. — Estariamos. — Quando nós estivermos.

## XIV.

Nous sommes. — Que j'eusse été. — Ils seront. — Nous serions. — Elle fut. — Soyons. — Tu es. — Qu'il fût. — Quand nous serons. — Je serais. — Tu as été. — Soyez. — Je suis. — Il aurait été. — Que tu fusses. — Ils seront. — Tu seras. — Nous avions été. — Ils furent. — Sois. — Que vous eussiez été. — Étant. — Vous avez été. — Nous étions.

## XV.

### VOCABULAIRE.

| | | | |
|---|---|---|---|
| *Gravador*, | graveur. | *Juiz*, | juge. |
| *Machinista*, | mécanicien. | *Moleiro*, | meunier. |
| *Médico*, | médecin. | *Caçador*, | chasseur. |
| *Jardineiro*, | jardinier. | *Selleiro*, | sellier. |
| *Engenheiro*, | ingénieur. | *Encadernador*, | relieur. |
| *Pedreiro*, | maçon. | *Litterato*, | littérateur. |
| *Chapelleiro*, | chapelier. | *Artiste*, | artiste. |

Serei gravador. — Eram machinistas. — És médico. — Se fôssem jardineiros. — É engenheiro. — Sou pedreiro. — Serão chapelleiros. — Teria sido juiz. — Quando elle fôr moleiro. — Seria selleiro. — Fui encadernador. — Era litterato. — Será artista.

## XVI.

### VOCABULAIRE.

| | | | |
|---|---|---|---|
| Cuiller, | *colher*. | Grand, | *grande*. |
| Or, | *ouro*. | Petit, | *pequeno*. |
| Fourchette, | *garfo*. | Pierre, | *pedra*. |
| Argent, | *prata*. | Eau, | *agua*. |
| Couteau, | *faca*. | Solide, | *solido*. |
| Acier, | *aço*. | Liquide, | *liquido*. |

| | | | |
|---|---|---|---|
| Peintre, | *pintor.* | Bois, | *madeira.* |
| Riche, | *rico.* | Combustible, | *combustivel.* |
| Pauvre, | *pobre.* | Dur, | *duro.* |

**La cuiller est en [1] or. — Les fourchettes étaient en argent. — Le couteau sera en acier. — Il fut peintre. — Ils seraient riches. — Elles seront pauvres. — Si j'étais grande. — Quand il sera petit. — La pierre est solide. — L'eau est liquide. — Le bois est combustible. — L'acier est dur.**

## XVII.

### VOCABULAIRE.

| | | | |
|---|---|---|---|
| *Morto,* | mort. | *Desde,* | depuis. |
| *Em,* | à. | *Hontem,* | hier. |
| *Doente,* | malade. | *Amanhã,* | demain. |
| *Surdo,* | sourd. | *Copo,* | verre. |
| *Cego,* | aveugle. | *Quebrado,* | cassé. |
| *Bem,* | bien. | *Garrafa,* | bouteille. |
| *Vestido,* | habillé. | *Cheia,* | pleine. |
| *Nú,* | nu. | *Vazia,* | vide. |

**Está morto. — Estou em Paris. — Ella estava doente. — Está surdo desde hontem. — Amanhã estará cego. — Se estivesse bem vestido. — Estava nú. — O copo está quebrado. — Quando a garrafa estiver cheia. — A garrafa está vazia.**

## XVIII.

### VOCABULAIRE.

| | | | |
|---|---|---|---|
| Distrait, | *distrahido.* | Robe, | *vestido* (masc.). |
| Ivre, | *embriagado.* | Déchiré, | *rasgado.* |
| A, | *em.* | Fou, | *doido.* |

---

[1] On doit employer la préposition *de* pour désigner la matière dont un objet est fait.

| | | | |
|---|---|---|---|
| Milan, | *Milão.* | Ruiné, | *arruinado.* |
| Mouchoir, | *lenço.* | Arbre, | *arvore* (fém.). |
| Ici, | *aqui.* | Brûlé, | *queimado.* |

**Il est distrait. — Il était ivre. — Il est à Milan. — Le mouchoir est ici. — La robe est déchirée. — Il est fou. — Je suis ruiné. — L'arbre est brûlé.**

Il faut bien saisir la différence qu'il y a entre les deux verbes dans les phrases suivantes : *Ser fraco* signifie être faible par nature. *Estar fraco* signifie être devenu faible par accident ou par maladie.

Si l'on veut désigner l'endroit où est un navire, un arbre ou quelque autre chose qui puisse changer facilement de place, on doit employer le verbe *estar*. S'il s'agit d'une maison ou d'une ville, on doit traduire *être* par *ser*.

## Exercice mnémonique sur SER et ESTAR.

| | |
|---|---|
| Je suis à Paris. | *Estou em Paris.* |
| Vous êtes Français. | *O Sñr è francez?* |
| Je suis malade. | *Estou doente.* |
| Il est malencontreux. | *É desastrado.* |
| Les Françaises sont élégantes. | *As francezas são elegantes.* |
| Mon cousin est riche. | *O meu primo é rico.* |
| Mon cousin est riche depuis hier. | *O meu primo está rico desde hontem.* |
| Où sont les arbres? | *Onde estão as arvores?* |
| Ma maison est ici. | *A minha casa é aqui.* |

# DU VERBE

Les verbes portugais se divisent en *actifs*, *passifs*, *neutres*, *pronominaux* et *unipersonnels*.

Il y a en portugais trois conjugaisons. La première a l'infinitif terminé en *ar*, la seconde en *er* et la troisième en *ir*.

Il existe un seul verbe qui a l'infinitif terminé en *or*; c'est le verbe *pôr*, poser, mettre, placer.

### CONJUGAISONS DES VERBES RÉGULIERS.

### Première conjugaison en AR.

### *AMAR*. — AIMER.

#### INFINITIF

| | |
|---|---|
| *Am ar*, | aimer. |
| *Am ando*, | aimant. |
| *Am ado, am ada*, | aimé, aimée. |
| *Am ados, am adas*, | aimés, aimées. |

#### INDICATIF

#### *Présent.*

| | | | |
|---|---|---|---|
| *Eu am o*, | j'aime. | *Nós am amos*, | nous aimons. |
| *Tu am as*, | tu aimes. | *Vós am ais*, | vous aimez. |
| *Elle am a*, | il aime. | *Elles am am*, | ils aiment. |

#### *Imparfait.*

| | | | |
|---|---|---|---|
| *Eu am ava*, | j'aimais. | *Nós am ávamos*, | nous aimions. |
| *Tu am avas*, | tu aimais. | *Vós am aveis*, | vous aimiez. |
| *Elle am ava*, | il aimait. | *Elles am avam*, | ils aimaient. |

#### *Prétérit défini.*

| | | | |
|---|---|---|---|
| *Eu am ei*, | j'aimai. | *Nós am ámos*, | nous aimâmes. |
| *Tu am aste*, | tu aimas. | *Vós am astes*, | vous aimâtes. |
| *Elle am ou*, | il aima. | *Elles am aram*, | ils aimèrent. |

### *Plus-que-parfait.*

| | |
|---|---|
| *Eu am ara,* | j'avais aimé. |
| *Tu am aras,* | tu avais aimé. |
| *Elle am ara,* | il avait aimé. |
| *Nós am áramos,* | nous avions aimé. |
| *Vós am areis,* | vous aviez aimé. |
| *Elles am aram,* | ils avaient aimé. |

### *Futur.*

| | | | |
|---|---|---|---|
| *Eu am arei,* | j'aimerai. | *Nós am aremos,* | nous aimerons. |
| *Tu am arás,* | tu aimeras. | *Vós am areis,* | vous aimerez. |
| *Elle am ará,* | il aimera. | *Elles am arão,* | ils aimeront. |

## CONDITIONNEL

### *Présent.*

| | | | |
|---|---|---|---|
| *Eu am aria,* | j'aimerais. | *Nós am ariamos,* | nous aimerions. |
| *Tu am arias,* | tu aimerais. | *Vós am arieis,* | vous aimeriez. |
| *Elle am aria,* | il aimerait. | *Elles am ariam,* | ils aimeraient. |

## IMPÉRATIF

| | |
|---|---|
| *Am a tu,* | aime. |
| *Am e elle,* | qu'il aime. |
| *Am emos nós,* | aimons. |
| *Am ai vós,* | aimez. |
| *Am em elles,* | qu'ils aiment. |

## SUBJONCTIF

### *Présent.*

| | |
|---|---|
| *Que eu am e,* | que j'aime. |
| *Que tu am es,* | que tu aimes. |
| *Que elle am e,* | qu'il aime. |
| *Que nós am emos,* | que nous aimions. |
| *Que vós am eis,* | que vous aimiez. |
| *Que elles am em,* | qu'ils aiment. |

### *Imparfait.*

| | |
|---|---|
| *Que eu am asse,* | que j'aimasse. |
| *Que tu am asses,* | que tu aimasses. |
| *Que elle am asse,* | qu'il aimât. |
| *Que nós am ássemos,* | que nous aimassions. |
| *Que vós am ásseis,* | que vous aimassiez. |
| *Que elles am assem,* | qu'ils aimassent. |

### *Futur.*

| | | | |
|---|---|---|---|
| *Se eu am ar,* | si j'aime. | *Se nós am armos,* | si nous aimons. |
| *Se tu am ares,* | si tu aimes. | *Se vós am ardes,* | si vous aimez. |
| *Se elle am ar,* | s'il aime. | *Se elles am arem,* | s'ils aiment. |

### *Autre futur.*

| | |
|---|---|
| *Quando eu am ar,* | quand j'aimerai. |
| *Quando tu am ares,* | quand tu aimeras. |
| *Quando elle am ar,* | quand il aimera. |
| *Quando nós am armos,* | quand nous aimerons. |
| *Quando vós am ardes,* | quand vous aimerez. |
| *Quando elles am arem,* | quand ils aimeront. |

## XIX.

### VOCABULAIRE.

| | | | |
|---|---|---|---|
| *Contar,* | compter. | *Olhar,* | regarder. |
| *Comprar,* | acheter. | *Falar,* | parler. |
| *Terminar,* | terminer. | *Andar,* | marcher. |
| *Cantar,* | chanter. | *Muito bem,* | très-bien. |
| *Gritar,* | crier. | *Comigo,* | avec moi. |
| *Pagar,* | payer. | *Muito pouco,* | très-peu. |
| *Achar,* | trouver. | *Com o meu,* | avec mon. |
| *Roubar,* | voler. | *Tarde,* | tard. |
| *Nada,* | rien. | *Cedo,* | de bonne heure. |

**Conte o dinheiro. — Comprou o chapéo? — O Sñr terminou? — O Sñr canta muito bem. — Não grite. —**

**Não olhe. — Falava comigo. — Andámos muito. — Andei muito pouco. — O Sñr fala francez? — Achámos o lenço. — Paguei com o dinheiro. — Não cantarei. — Quando eu falar, grite. — Roubaram os livros. — O Sñr não roubou nada. — Elle pagou. — Eu não paguei. — Não contei o dinheiro. — Terminou tarde. — Terminei cedo. — Compraste os livros? — Não comprei. — Hei de comprar.**

## XX.

### VOCABULAIRE.

| | | | |
|---|---|---|---|
| Publier, | *publicar.* | Ouvrage, | *obra.* |
| Saler, | *salgar.* | Mâcher, | *mastigar.* |
| Inviter, | *convidar.* | Viande, | *carne.* |
| Soupirer, | *suspirar.* | Domestique, | *criado.* |
| Envoyer, | *mandar.* | Tuer, | *matar.* |
| Demander, | *perguntar.* | Tromper, | *enganar.* |
| Éternuer, | *espirrar.* | Très-souvent, | *muitas vezes.* |
| Brûler, | *queimar.* | Ces, | *estes.* |
| Chanson, | *canção.* | Renvoyer, | *mandar embora.* |
| Sa, | *a suá.* | Servante, | *criada.* |
| Ses, | *os seus.* | Souper, | *cear.* |

**Vous publierez vos (*as suas*) ouvrages. — Ne salez pas la viande. — J'ai invité [1] deux amis. — Ne soupirez pas. — J'ai envoyé mon domestique chez vous (*a sua casa*). — Je ne mâche pas. — Il a trompé ses amis. — Demandez s'il chante demain. — J'éternue très-souvent. — Brûlez ces papiers. — Il a chanté une chanson. — J'ai trouvé mon mouchoir. — Il renvoya sa servante. — Il trompera ses amis. — Nous soupirions. — Ils souperont. — Elle brûlait ses papiers. — Il tua son (*o seu*) ami.**

[1] Pour exprimer une action accomplie, on emploie généralement en portugais le prétérit défini. Ainsi on dit *convidei dois amigos* et non *tenho convidado.*

## Remarques sur les verbes de la première conjugaison.

Les verbes qui ont l'infinitif en *car* changent le *c* en *qu* devant un *e* :

*Ficar*, demeurer ; *fiquei*, je demeurai.

Les verbes en *gar* prennent un *u* devant les voyelles : *ei*

*Jogar*, jouer ; *joguei*, je jouai.

## Deuxième conjugaison en ER.

### *COMER*. — MANGER

INFINITIF

| | |
|---|---|
| *Com er*, | manger. |
| *Com endo*, | mangeant. |
| *Com ido, com ida*, | mangé, mangée. |
| *Com idos, com idas*, | mangés, mangées. |

INDICATIF

*Présent.*

| | | | |
|---|---|---|---|
| *Eu com o*, | je mange. | *Nós com emos*, | nous mangeons. |
| *Tu com es*, | tu manges. | *Vós com eis*, | vous mangez. |
| *Elle com e*, | il mange. | *Elles com em*, | ils mangent. |

*Imparfait.*

| | | | |
|---|---|---|---|
| *Eu com ia*, | je mangeais. | *Nós com iamos*, | nous mangions. |
| *Tu com ias*, | tu mangeais. | *Vós com ieis*, | vous mangiez. |
| *Elle com ia*, | il mangeait. | *Elles com iam*, | ils mangeaient. |

*Prétérit défini.*

| | |
|---|---|
| *Eu com i*, | je mangeai. |
| *Tu com este*, | tu mangeas. |
| *Elle com eu*, | il mangea. |
| *Nós com emos*, | nous mangeâmes. |
| *Vós com estes*, | vous mangeâtes. |
| *Elles com eram*, | ils mangèrent. |

### *Plus-que-parfait.*

| | |
|---|---|
| *Eu com êra,* | j'avais mangé. |
| *Tu com êras,* | tu avais mangé. |
| *Elle com êra,* | il avait mangé. |
| *Nós com êramos,* | nous avions mangé. |
| *Vós com êreis,* | vous aviez mangé. |
| *Elles com eram,* | ils avaient mangé. |

### *Futur.*

| | |
|---|---|
| *Eu com erei,* | je mangerai. |
| *Tu com erás,* | tu mangeras. |
| *Elle com erá,* | il mangera. |
| *Nós com eremos,* | nous mangerons. |
| *Vós com ereis,* | vous mangerez, |
| *Elles com erão,* | ils mangeront. |

## CONDITIONNEL

### *Présent.*

| | |
|---|---|
| *Eu com eria,* | je mangerais. |
| *Tu com erias,* | tu mangerais. |
| *Elle com eria,* | il mangerait. |
| *Nós com eriamos,* | nous mangerions. |
| *Vós com erieis,* | vous mangeriez. |
| *Elles com eriam,* | ils mangeraient. |

## IMPÉRATIF

| | |
|---|---|
| *Com e tu,* | mange. |
| *Com a elle,* | qu'il mange. |
| *Com amos nós,* | mangeons. |
| *Com ei vós,* | mangez. |
| *Com am elles,* | qu'ils mangent. |

## SUBJONCTIF

### *Présent.*

| | |
|---|---|
| *Que eu com a,* | que je mange. |
| *Que tu com as,* | que tu manges. |

| | |
|---|---|
| *Que elle com a,* | qu'il mange. |
| *Que nós com amos,* | que nous mangions. |
| *Que vós com ais,* | que vous mangiez. |
| *Que elles com am,* | qu'ils mangent. |

### *Imparfait.*

| | |
|---|---|
| *Que eu com esse,* | que je mangeasse. |
| *Que tu com esses,* | que tu mangeasses. |
| *Que elle com esse,* | qu'il mangeât. |
| *Que nós com essemos,* | que nous mangeassions. |
| *Que vós com esseis,* | que vous mangeassiez. |
| *Que elles com essem,* | qu'ils mangeassent. |

### *Futur.*

| | |
|---|---|
| *Se eu com er,* | si je mange. |
| *Se tu com eres,* | si tu manges. |
| *Se elle com er,* | s'il mange. |
| *Se nós com ermos,* | si nous mangeons. |
| *Se vós com erdes,* | si vous mangez. |
| *Se elles com erem,* | s'ils mangent. |

### *Autre futur.*

| | |
|---|---|
| *Quando eu com er,* | quand je mangerai. |
| *Quando tu com eres,* | quand tu mangeras. |
| *Quando elle com er,* | quand il mangera. |
| *Quando nós com ermos,* | quand nous mangerons. |
| *Quando vós com erdes,* | quand vous mangerez. |
| *Quando elles com erem,* | quand ils mangeront. |

## XXI.

### VOCABULAIRE.

| | | | |
|---|---|---|---|
| *Vender,* | vendre. | *Colher,* | cueillir. |
| *Comer,* | manger. | *Descer,* | descendre. |
| *Obedecer,* | obéir. | *Escada,* | escalier. |
| *Beber,* | boire. | *Proteger,* | protéger. |
| *Soffrer,* | souffrir. | *Rosa,* | rose. |
| *Receber,* | recevoir. | *Arte,* | art. |

| | | | |
|---|---|---|---|
| *Correr*, | courir. | *Encontrar*, | rencontrer. |
| *Conhecer*, | connaître. | *Chave*, | clef. |
| *Esconder*, | cacher. | *Viver*, | vivre. |
| *Morder*, | mordre. | *Só*, | seul. |
| *Responder*, | répondre. | *Azeite*, | huile. |

Vendeu os livros. — Comeremos carne. — Obedeceu. — Bebia muita agua. — Colhemos rosas. — Desciamos a escada. — Protegeu as artes. — Soffrerá muito. — Corriamos quando o encontrámos. — O Sñr conhece o meu (*mon*) amigo? — Esconderam a chave. — Não morda. — Responda. — O Sñr vive só? — Hei de esconder o dinheiro. — Se elle vendesse o azeite.

## XXII.

### VOCABULAIRE.

| | | | |
|---|---|---|---|
| Trembler, | *tremer*. | Armoire, | *armario*. |
| Balayer, | *varrer*. | Payement, | *pagamento*. |
| Dépendre, | *depender*. | Oublier, | *esquecer*. |
| Mettre, | *metter*. | Élire, | *eleger*. |
| Suspendre, | *suspender*. | Chambre, | *quarto*. |

Dans les verbes en *cer*, le *c* prend une cédille (*ç*) devant un *a* ou un *o*.

Les verbes en *ger* changent le *g* en *j* toutes les fois qu'il est suivi de *a* ou de *o*.

Il trembla. — Ils balayèrent ma (*o meu*) chambre. — Ils dépendent de vous (*do Sñr*). — Mettez votre (*o seu*) chapeau dans l'armoire. — Il suspendra ses (*os seus*) payements. — Je n'oublie pas. — Élisez votre ami.

## Troisième conjugaison en IR.

### *PARTIR.* — PARTIR.

INFINITIF

| | |
|---|---|
| *Part ir,* | partir. |
| *Part indo,* | partant. |
| *Part ido, part ida,* | parti, partie. |
| *Part idos, part idas,* | partis, parties. |

INDICATIF

*Présent.*

| | | | |
|---|---|---|---|
| *Eu part o,* | je pars. | *Nós part imos,* | nous partons. |
| *Tu part es,* | tu pars. | *Vós part is,* | vous partez. |
| *Elle part e,* | il part. | *Elles part em,* | ils partent. |

*Imparfait.*

| | | | |
|---|---|---|---|
| *Eu part ia,* | je partais. | *Nós part iamos,* | nous partions. |
| *Tu part ias,* | tu partais. | *Vós part ieis,* | vous partiez. |
| *Elle part ia,* | il partait. | *Elles part iam,* | ils partaient. |

*Passé défini.*

| | | | |
|---|---|---|---|
| *Eu part i,* | je partis. | *Nós part imos,* | nous partîmes. |
| *Tu part iste,* | tu partis. | *Vós part istes,* | vous partîtes. |
| *Elle part iu,* | il partit. | *Elles part iram,* | ils partirent. |

*Plus-que-parfait.*

| | |
|---|---|
| *Eu part ira,* | j'étais parti. |
| *Tu part iras,* | tu étais parti. |
| *Elle part ira,* | il était parti. |
| *Nós part iramos,* | nous étions partis. |
| *Vós part ireis,* | vous étiez partis. |
| *Elles part iram,* | ils étaient partis. |

*Futur.*

| | | | |
|---|---|---|---|
| *Eu part irei,* | je partirai. | *Nós part iremos,* | nous partirons. |
| *Tu part irás,* | tu partiras. | *Vós part ireis,* | vous partirez. |
| *Elle part irá,* | il partira. | *Elles part irão,* | ils partiront. |

## CONDITIONNEL

### *Présent.*

| | | | |
|---|---|---|---|
| *Eu part iria,* | je partirais. | *Nós part iriamos,* | nous partirions. |
| *Tu part irias,* | tu partirais. | *Vós part irieis,* | vous partiriez. |
| *Elle part iria,* | il partirait. | *Elles part iriam,* | ils partiraient. |

## IMPÉRATIF

| | |
|---|---|
| *Part e tu,* | pars. |
| *Part a elle,* | qu'il parte. |
| *Part amos nós,* | partons. |
| *Part i vós,* | partez. |
| *Part am elles,* | qu'ils partent. |

## SUBJONCTIF

### *Présent.*

| | |
|---|---|
| *Que eu part a,* | que je parte. |
| *Que tu part as,* | que tu partes. |
| *Que elle part a,* | qu'il parte. |
| *Que nós part amos,* | que nous partions. |
| *Que vós part ais,* | que vous partiez. |
| *Que elles part am,* | qu'ils partent. |

### *Imparfait.*

| | |
|---|---|
| *Que eu part isse,* | que je partisse. |
| *Que tu part isses,* | que tu partisses. |
| *Que elle part isse,* | qu'il partit. |
| *Que nós part issemos,* | que nous partissions. |
| *Que vós part isseis,* | que vous partissiez. |
| *Que elles part issem,* | qu'ils partissent. |

### *Futur.*

| | | | |
|---|---|---|---|
| *Se eu part ir,* | si je pars. | *Se nós part irmos,* | si nous partons. |
| *Se tu part ires,* | si tu pars. | *Se vós part irdes,* | si vous partez. |
| *Se elle part ir,* | s'il part. | *Se elles part irem,* | s'ils partent. |

### *Autre futur.*

| | |
|---|---|
| *Quando eu part ir,* | quand je partirai. |
| *Quando tu part ires,* | quand tu partiras. |
| *Quando elle partir,* | quand il partira. |
| *Quando nós part irmos,* | quand nous partirons. |
| *Quando vós part irdes,* | quand vous partirez. |
| *Quando elles part irem,* | quand ils partiront. |

## XXIII.

### VOCABULAIRE.

| | | | |
|---|---|---|---|
| *Abrir,* | ouvrir. | *Distinguir,* | distinguer. |
| *Franzir,* | froncer. | *Sobrancelha,* | sourcil. |
| *Fugir,* | fuir. | *Janella,* | fenêtre. |
| *Côr,* | couleur. | *Introduzir,* | introduire. |
| *Campo,* | campagne. | *Castello,* | château. |

Les verbes en *gir* changent le *g* en *j* devant les voyelles *a* et *o*.

Les verbes en *guir* perdent l'*u* qui suit le *g* devant les voyelles *a* et *o*.

**Não abra a janella. — Franzia as sobrancelhas. — Fugiram. — Distinguem as côres. — Fôram introduzidos no castello. — Fuja. — Partiram para o campo.**

## XXIV.

### VOCABULAIRE.

| | | | |
|---|---|---|---|
| Imaginer, | *imaginar.* | Présider, | *presidir.* |
| Applaudir, | *applaudir.* | Discuter, | *discutir.* |
| Opprimer, | *opprimir.* | Présumer, | *presumir.* |
| Quoique, | *ainda que.* | Expédier, | *expedir.* |
| Persister, | *persistir.* | Calme, | *moderação.* |
| Faible, | *fraco.* | Résider, | *residir.* |

**Elle s'était imaginé qu'elle aurait été applaudie. — Je présume que non. — Ils opprimèrent les faibles. — Quoiqu'il persistât. — J'ai expédié mes lettres. — Discutons avec calme. — Je résidai à Paris.**

# DU PRONOM

## Pronoms personnels.

| | |
|---|---|
| ***Eu***, | je, moi. |
| ***Me***, | me, moi, à moi. |
| ***Tu***, | tu, toi. |
| ***Te***, | te, toi, à toi. |
| ***Elle***, *ella*, | il, lui, elle. |
| *Lhe*, | lui, à lui, à elle, y. |
| *O*, *a*, | le, la. |
| *Se*, | se, soi, à soi, lui, elle. |
| *Nós*, | nous. |
| *Nos*, | nous, à nous. |
| ***Vós***, | vous. |
| ***Vos***, | vous, à vous. |
| ***Elles***, *ellas*, | ils, eux, elles. |
| *Lhes*, | leurs, à eux, à elles, y. |
| *Os*, *as*, | les. |
| ***Se***, | se, soi, à soi, eux, elles. |

Les pronoms *eu*, *tu*, *se*, précédés d'une préposition, se changent : *eu* en *mim*, *tu* en *ti*, *se* en *si*.

Si cette préposition est la préposition *com* (avec), alors ils se changent : *eu* en *migo*, *tu* en *tigo*, *se* en *sigo*, *nós* en *nosco*, *vós* en *vosco* :

| | |
|---|---|
| *Para mim*, | pour moi. |
| *Para ti*, | pour toi. |
| *Para si*, | pour lui, pour elle, pour vous. |
| *Para nós*, | pour nous. |
| *Para vós*, | pour vous. |
| *Para elles, para ellas*, | pour eux, pour elles. |
| *Comigo*, | avec moi. |
| *Comtigo*, | avec toi. |
| *Comsigo*, | avec soi, avec lui, avec elle, avec vous. |
| *Comnosco*, | avec nous. |
| *Comvosco*, | avec vous. |
| *Comsigo*, | avec soi, avec eux, avec elles. |

## XXV.

### VOCABULAIRE.

| | | | |
|---|---|---|---|
| *Matar,* | tuer. | *Ordenado,* | traitement. |
| *Remetter,* | envoyer. | *Dever,* | devoir. |
| *Fardo,* | colis. | *Andar,* | marcher. |
| *Reduzir,* | réduire. | *Morar,* | habiter. |
| *Emprestar,* | prêter. | *Interessante,* | intéressant. |
| *Enganar,* | tromper. | *Chale,* | châle. |

**Não o mate. — Mate-a. — Não lhes remetta os fardos. — Reduziram-me o ordenado. — Pagaram-lhe o que lhe deviam. — Não ande comigo. — Esta caixa é para si. — Roubaram-lhe o relogio. — Esta carta é para mim. — Não mora comigo. — O livro que o Sñr me emprestou é muito interessante. — Enganaram-me. — Empreste-me o livro. — Empreste-lhe o chale.**

## XXVI.

### VOCABULAIRE.

| | | | |
|---|---|---|---|
| Trouver, | *achar.* | Tâcher, | *tratar.* |
| Chercher, | *procurar.* | Charmant, | *encantador.* |
| Saluer, | *cumprimentar.* | Montrer, | *mostrar.* |
| Part, | *parte.* | Portrait, | *retrato.* |
| Bouquet, | *ramalhete.* | Conduire, | *conduzir.* |

**Ne trouvez-vous pas ce que vous cherchez? — Saluez-les de ma part. — Tâchez de voir ces dames, dites-leur (*diga-lhes*) que nous les trouvons charmantes. — Il ne nous a pas invités. — Tu me les enverras. — Montrez-moi ce portrait. — Je lui ai envoyé deux bouquets. — Il faut la conduire à la maison.**

## Pronoms démonstratifs.

| *Masculin.* | | *Feminin.* | |
|---|---|---|---|
| *Este,* | celui-ci. | *Esta,* | celle-ci. |
| *Esse,* | celui-là. | *Essa,* | celle-là. |
| *Aquelle,* | celui-là. | *Aquella,* | celle-là. |
| *Estes,* | ceux-ci. | *Estas,* | celles-ci. |
| *Esses,* | ceux-là. | *Essas,* | celles-là. |
| *Aquelles,* | ceux-là. | *Aquellas,* | celles-là. |
| *O,* | celui, ce. | *A,* | celle. |
| *Os,* | ceux. | *As,* | celles. |

*Neutre.*

| | |
|---|---|
| *Isto,* | ceci. |
| *Isso,* | cela. |
| *Aquillo,* | cela. |

On emploie *este*, *esta*, *isto* pour indiquer les objets ou les êtres qui sont près de la personne qui parle.

*Esse*, *essa*, *isso*, pour indiquer ceux qui sont près de la personne à qui l'on parle.

*Aquelle*, *aquella*, *aquillo*, pour indiquer ceux qui sont éloignés des personnes qui se parlent.

### XXVII.

VOCABULAIRE.

| | | | |
|---|---|---|---|
| *Morango,* | fraise. | *Laranja,* | orange. |
| *Maduro,* | mûr. | *Prato,* | assiette. |
| *Melão,* | melon. | *Uva,* | raisin. |
| *Azedo,* | sur. | *Bom,* | bon. |

Estes morangos estão maduros. — Aquelle melão não é bom. — Não coma isso. — Essa laranja é boa. — A que está no meu (*dans mon*) prato é azeda. — Aquelles homens são francezes. — Os que estão em minha casa (*chez moi*) são hespanhoes. — Aquillo é bom. — Esse homem já esteve em Roma. — Essas uvas não são tão boas como aquellas.

## XXVIII.

### VOCABULAIRE.

| | | | |
|---|---|---|---|
| Pêche, | *pecego.* | Qui, | *que.* |
| Abricot, | *damasco.* | Par, | *por.* |
| Mandarine, | *tangerina.* | Pourri, | *pôdre.* |
| Excellent, | *excellente.* | Boîte, | *caixa.* |

**Ces pêches m'ont été envoyées par mon frère. — Celles-ci sont vertes. — Envoyez ces abricots à votre sœur (*sua irmã*). — Ceux qui sont sur la table sont bons. — Ces mandarines sont pourries. — Celles qui sont dans la boîte sont excellentes.**

**Lorsque les pronoms *o*, *a*, *os*, *as* (régime direct) sont accompagnés d'un autre pronom (régime indirect), ils se contractent de la manière suivante :**

*Singulier masculin.*

| | | | |
|---|---|---|---|
| *M'o,* | au lieu de | *me o,* | me le, le moi. |
| *T'o,* | — | *te o,* | te le. |
| *Lh'o,* | — | *lhe o,* | le lui. |
| *Nol-o,* | — | *nos o,* | nous le, le nous. |
| *Vol-o,* | — | *vos o,* | vous le. |
| *Lh'o,* | — | *lhes o,* | le leur. |

*Singulier féminin.*

| | | | |
|---|---|---|---|
| *M'a,* | au lieu de | *me a,* | me la, la moi. |
| *T'a,* | — | *te a,* | te la. |
| *Lh'a,* | — | *lhe a,* | la lui. |
| *Nol-a,* | — | *nos a,* | nous la, la nous. |
| *Vol-a,* | — | *vos a,* | vous la. |
| *Lh'a,* | — | *lhes a,* | la leur. |

### *Pluriel masculin.*

| | | | |
|---|---|---|---|
| *M'os,* | au lieu de | *me os,* | me les, les moi. |
| *T'os,* | — | *te os,* | te les. |
| *Lh'os,* | — | *lhe os,* | les lui. |
| *Nol-os,* | — | *nos os,* | nous les, les nous. |
| *Vol-os,* | — | *vos os,* | vous les. |
| *Lh'os,* | — | *lhes os,* | les leurs. |

### *Pluriel féminin.*

| | | | |
|---|---|---|---|
| *M'as,* | au lieu de | *me as,* | me les, les moi. |
| *T'as,* | — | *te as,* | te les. |
| *Lh'as,* | — | *lhe as,* | les lui. |
| *Nol-as,* | — | *nos as,* | nous les, les nous. |
| *Vol-as,* | — | *vos as,* | vous les. |
| *Lh'as,* | — | *lhes as,* | les leurs. |

## Pronoms possessifs.

### *Première personne.*

| Singulier. | | Pluriel. | |
|---|---|---|---|
| *O meu,* | le mien, mon. | *Os meus,* | les miens, mes. |
| *A minha,* | la mienne, ma. | *As minhas,* | les miennes, mes. |
| *O nosso,* | le nôtre. | *Os nossos,* | les nôtres. |
| *A nossa,* | la nôtre. | *As nossas,* | les nôtres. |

### *Deuxième personne.*

| Singulier. | | Pluriel. | |
|---|---|---|---|
| *O teu,* | le tien, ton. | *Os teus,* | les tiens, tes. |
| *A tua,* | la tienne, ta. | *As tuas,* | les tiennes, tes. |
| *O vosso,* | le vôtre. | *Os vossos,* | les vôtres. |
| *A vossa,* | la vôtre. | *As vossas,* | les vôtres. |

### *Troisième personne.*

| Singulier | | Pluriel. | |
|---|---|---|---|
| *O seu,* | le sien, le leur. | *Os seus,* | la sienne, la leur. |
| *A sua,* | la sienne, la leur. | *As suas,* | les siennes, les leurs. |

## XXIX.

### VOCABULAIRE.

| | | | |
|---|---|---|---|
| *Cunhado,* | beau-frère. | *Louro,* | blond. |
| *Cunhada,* | belle-sœur. | *Bonito,* | joli. |
| *Menino,* | enfant. | *Costureira,* | couturière. |
| *Convite,* | invitation. | *Cerveja,* | bière. |
| *Marselha,* | Marseille. | *Lisboa,* | Lisbonne. |

**O meu irmão está em Lisboa. — O seu[1] está em Marselha. — A sua (*votre*) cunhada é bonita. — Os seus meninos são louros. — Os de teu irmão são muito bonitos. — O teu cunhado está doente. — A minha costureira é franceza. — Recebi o seu (*votre*) convite. — Esta cerveja não é tão boa como a sua (*votre*).**

## XXX.

### VOCABULAIRE.

| | | | |
|---|---|---|---|
| Prendre, | *tomar.* | Règle, | *régoa.* |
| Canif, | *canivete.* | Compas, | *compasso.* |
| Plume, | *penna.* | Canne, | *bengala.* |
| Imprimeur, | *impressor.* | Ouvrage, | *obra.* |
| Trouver, | *achar.* | Cravate, | *gravata.* |
| Poche, | *algibeira.* | Chambre, | *quarto.* |

**Où est ma canne? — Prenez mon canif, mes plumes, mon crayon, ma règle et mon compas. — Mon imprimeur n'a pas terminé mon ouvrage. — Je ne trouve pas ma cravate. — Votre plume est sur la table. — Avez-vous trouvé son canif? — Votre canif est dans votre poche. — Prends ton compas. — Je ne trouve pas votre canne. — C'est leur chambre.**

---

[1] C'est-à-dire *le vôtre.*

## Pronoms relatifs.

| | | |
|---|---|---|
| *Quem,* | pour les personnes. | Qui, que, lequel, laquelle, lesquels, lesquelles. |
| *Que,* | pour les personnes et pour les choses. | |

| | |
|---|---|
| *Qual,* | quel, quelle. |
| *Quaes,* | quels, quelles. |

*Cujo,*
*Cuja,*
*Cujos,*
*Cujas,* — Dont le, duquel, dont la, de laquelle, dont les, desquels, desquelles, de qui.

### XXXI.

VOCABULAIRE.

| | | | |
|---|---|---|---|
| *Divertir-se,* | s'amuser. | *Lampada,* | lampe. |
| *Advogado,* | avocat. | *Hontem,* | hier. |
| *Escrever,* | écrire. | *Esposa,* | épouse. |
| *Falar,* | parler. | *Virtude,* | vertu. |
| *Eis aqui,* | voici. | *Conhecida,* | connue. |
| *Gostar,* | aimer. | *Tanto,* | tant. |
| *Allumiar,* | éclairer. | | |

O homem em cuja[1] casa nos divertimos. — O advogado a quem escrevemos. — A casa que compraste. — A mulher a quem eu falei. — Aquelle é o homem de quem tu me falaste hontem. — Tua esposa, cujas virtudes são bem conhecidas. — Eis aqui o homem de quem eu tanto gosto.—Eis aqui a arvore de que eu tanto gosto. — Havia um quarto, o qual era allumiado por uma lampada.

### XXXII.

VOCABULAIRE.

| | | | |
|---|---|---|---|
| Dame, | *senhora.* | Remercier, | *agradecer.* |
| Gravement, | *gravemente.* | Personne, | *pessoa.* |

---

1 *Cujo, cuja,* s'accordent toujours avec les noms qui les suivent.

| | | | |
|---|---|---|---|
| Malade, | *doente.* | Connaître, | *conhecer.* |
| Chose, | *coisa.* | Malheur, | *desgraça.* |
| Penser, | *pensar.* | Se plaindre, | *queixar-se.* |
| Faveur, | *favor.* | Comparaison, | *comparação.* |
| Attendre, | *esperar.* | Répondre, | *responder.* |

Cette dame dont le père est gravement malade. — Les choses auxquelles vous pensez. — C'est une faveur dont je vous remercie. — La personne dont nous parlons n'est pas la même que vous connaissez. — Je ne sais pas (*não sei*) qui vous êtes. — Les malheurs dont je me plains ne sont rien en comparaison de ceux qui vous attendent. — A quoi (*ao que*) il répondit.

## Pronoms interrogatifs.

*Quem*, pour les personnes. Qui? Quel? Quelle? Quels? Quelles?

*Que*, pour les choses. Quoi? Quel? Quelle? Quels? Quelles?

*Qual*, *Quaes*, } pour les personnes et pour les choses. Quel? Lequel? Quelle? Laquelle? Quels? Lesquels? Quelles? Lesquelles?

## XXXIII.

### VOCABULAIRE.

| | | | |
|---|---|---|---|
| *Volume,* | volume. | *Perfume,* | parfum. |
| *Perder,* | perdre. | *Morar,* | habiter. |
| *Vida,* | vie. | *Vai,* | va. |
| *Pensar,* | penser. | *Viajar,* | voyager. |
| *Marido,* | mari. | *Idade,* | âge. |
| *Opera,* | opéra. | *Menina,* | jeune fille. |
| *Italiano,* | italien. | *Ensinar,* | apprendre. |
| *Lingua,* | langue. | *Hora,* | heure. |

Que volume perdeu? — Com quem está o seu irmão? — O que é a vida? — Em que pensa? — Que perfume! — Qual livro? — Quaes livros? — Com quem mora o Sñr? — Com quem vai viajar o marido de V. Exª[1]? — Qual d'estes livros é o teu? — É este. — Qual? — Quaes são as melhores (*les meilleurs*) óperas italianas? — Que idade tem esta menina? — Quem lhe ensinou a lingua ingleza? — Que horas são?

## Pronoms et adjectifs indéfinis.

### *Sans singulier.*

| | |
|---|---|
| *Varios,* <br> *Varias,* | plusieurs. |
| *Ambos,* | tous les deux. |
| *Ambas,* | toutes les deux. |
| *Os mais,* <br> *As mais,* | les autres, le reste. |

### *Sans pluriel.*

| | |
|---|---|
| *Cada um,* | chacun. |
| *Cada uma,* | chacune. |

### *Invariables.*

| | |
|---|---|
| *Cada qual,* | chacun. |
| *Alguem,* | quelqu'un. |
| *Ninguem,* | personne, qui que ce soit. |
| *Nada,* | rien, quoi que ce soit. |
| *Outrem,* | autrui. |
| *Quemquer,* | quiconque. |
| *Tudo,* | tout. |
| *Se,* <br> *A gente,* | on. |

[1] Abréviation de *Vossa Excellencia.* Dans la bonne société, en Portugal, on donne à tout le monde le titre d'*Excellencia.*

| Singulier. | | Pluriel. | |
|---|---|---|---|
| *Um,* | l'un. | *Uns,* | les uns. |
| *Uma,* | l'une. | *Umas,* | les unes. |
| *Outro,* | l'autre, un autre. | *Outros,* | les autres, d'autres. |
| *Outra,* | l'autre, une autre. | *Outras,* | |
| *Um e outro,* | l'un et l'autre. | *Uns e outros,* | les uns et les autres. |
| *Uma e outra,* | l'une et l'autre. | *Umas e outras,* | les unes et les autres. |
| *Um ou outro,* | l'un ou l'autre, | *Uns ou outros,* | les uns ou les autres. |
| *Uma ou outra,* | l'une ou l'autre. | *Umas ou outras,* | les unes ou les autres. |
| *Nem um nem outro,* | ni l'un ni l'autre. | *Nem uns nem outros,* | ni les uns ni les autres. |
| *Nem uma nem outra,* | ni l'une ni l'autre. | *Nem umas nem outras,* | ni les unes ni les autres. |
| *Algum,* | quelqu'un. | *Alguns,* | quelques-uns. |
| *Alguma,* | quelqu'une. | *Algumas,* | quelques-unes. |
| *Nenhum,* | nul, aucun. | *Nenhuns,* | nuls, aucuns. |
| *Nenhuma,* | nulle, aucune. | *Nenhumas,* | nulles, aucunes. |
| *Muito.* | beaucoup. | *Muitos,* | beaucoup. |
| *Muita,* | | *Muitas,* | |

| *Singulier.* | | *Pluriel.* | |
|---|---|---|---|
| *Pouco,*<br>*Pouca,* | peu, guère. | *Poucos,*<br>*Poucas,* | peu, guère. |
| *Bastante,* | assez, pas mal. | *Bastantes,* | assez, pas mal. |
| *Todo,*<br>*Toda,* | tout.<br>toute. | *Todos,*<br>*Todas,* | tous.<br>toutes. |
| *Quanto,*<br>*Quanta,* | combien, autant que. | *Quantos,*<br>*Quantas.* | combien, tous ceux qui, tous ceux que, autant que. |
| *O mesmo,*<br>*A mesma,* | le même.<br>la même. | *Os mesmos,*<br>*As mesmas,* | les mêmes. |
| *Qualquer,* | quiconque, n'importe lequel, n'importe laquelle. | *Quaesquer,* | quiconque, n'importe lesquels, n'importe lesquelles. |
| *Tal,*<br>*Tal qual,* | tel, telle.<br>tel que, telle que. | *Taes,*<br>*Taes quaes,* | tels, telles.<br>tels que, telles que. |

# VERBES IRRÉGULIERS

## Verbes irréguliers de la première conjugaison en AR.

Il n'y a que deux verbes irréguliers dans la première conjugaison, ce sont *dar*, donner et *estar*, être.

Je donne seulement les temps irréguliers de tous les verbes irréguliers. Les temps réguliers se forment selon les règles données pour la conjugaison des verbes réguliers.

### *DAR*. — DONNER.

#### INDICATIF

*Présent.*

| | |
|---|---|
| *Dou*, | je donne. |
| *Dás*, | tu donnes. |
| *Dá*, | il donne. |

*Prétérit défini.*

| | | | |
|---|---|---|---|
| *Dei*, | je donnai. | *Démos*, | nous donnâmes. |
| *Déste*, | tu donnas. | *Déstes*, | vous donnâtes. |
| *Deu*, | il donna. | *Deram*, | ils donnèrent. |

*Plus-que-parfait.*

| | |
|---|---|
| *Dera*, | j'avais donné. |
| *Deras*, | tu avais donné. |
| *Dera*, | il avait donné. |
| *Déramos*, | nous avions donné. |
| *Déreis*, | vous aviez donné. |
| *Deram*, | ils avaient donné. |

#### IMPÉRATIF

| | |
|---|---|
| *Dá tu*, | donne. |
| *Dê elle*, | qu'il donne. |
| *Dêmos nós*, | donnons. |
| *Dai vós*, | donnez. |
| *Dêem elles*, | qu'ils donnent. |

## SUBJONCTIF

### *Présent.*

| | |
|---|---|
| *Que eu dê,* | que je donne. |
| *Que tu dês,* | que tu donnes. |
| *Que elle dê,* | qu'il donne. |
| *Que nós dêmos,* | que nous donnions. |
| *Que vós deis,* | que vous donniez. |
| *Que elles dêem,* | qu'ils donnent. |

### *Imparfait.*

| | |
|---|---|
| *Que eu désse,* | que je donnasse. |
| *Que tu désses,* | que tu donnasse. |
| *Que elle désse,* | qu'il donnât. |
| *Que nós déssemos,* | que nous donnassions. |
| *Que vos désseis,* | que vous donnassiez. |
| *Que elles déssem,* | qu'ils donnassent. |

### *Futur.*

| | |
|---|---|
| *Se eu der,* | si je donne. |
| *Se tu deres,* | si tu donnes. |
| *Se elle der,* | s'il donne. |
| *Se nós dermos,* | si nous donnons. |
| *Se vós derdes,* | si vous donnez. |
| *Se elles dérem,* | s'ils donnent. |

### *Autre futur.*

| | |
|---|---|
| *Quando eu der,* | quand je donnerai. |
| *Quando tu deres,* | quand tu donneras. |
| *Quando elle der,* | quand il donnera. |
| *Quando nós dermos,* | quand nous donnerons. |
| *Quando vós derdes,* | quand vous donnerez. |
| *Quando elles dérem,* | quand ils donneront. |

## XXXIV.

### VOCABULAIRE.

| | | | |
|---|---|---|---|
| *Carteira,* | portefeuille. | *Toalha,* | serviette. |
| *Quadro,* | tableau. | *Valor,* | valeur. |
| *Troca,* | échange. | *Castanha,* | marron. |

Dei-lhe uma carteira. — Se lhe der o quadro, ha-de-me dar a carruagem em troca. — Deram-me o cavallo. — O Sñr não me dá o canivete? — Dê-lhe o livro. — O cabelleireiro não deu as toalhas. — Quando eu lhe der o dinheiro, me mandará os livros. — Deu-me todos os valores que tinha na sua carteira. — Dê-me aquella castanha.

## XXXV.

### VOCABULAIRE.

| | | | |
|---|---|---|---|
| Content, | *contente.* | Lapin, | *coelho.* |
| Habits, | *fato.* | Litre, | *litro.* |
| Mouton, | *carneiro.* | Avoine, | *avêa.* |

Je lui donne tout ce que j'ai et il n'est pas content. — Tu me donnas tes habits. — Je lui ai donné ma cravate. — Donne-lui ses souliers. — Je lui ai donné un mouton. — Il m'a donné un lapin. — Quand je donnerai les trois litres d'avoine, ils me donneront l'argent.

## *ESTAR.* — ÊTRE.

Voir la conjugaison de ce verbe page 26.

## Verbes irréguliers de la deuxième conjugaison en ER.

### *CABER.* — TENIR DANS.

INDICATIF

*Présent.*

| | |
|---|---|
| *Caibo,* | je puis tenir. |
| *Cabes,* | tu peux tenir. |
| *Cabe,* | il peut tenir. |

*Prétérit défini.*

| | |
|---|---|
| *Coube,* | je pus tenir. |
| *Coubeste,* | tu pus tenir. |
| *Coube,* | il put tenir. |
| *Coubemos,* | nous pûmes tenir. |
| *Coubestes,* | vous pûtes tenir. |
| *Couberam,* | ils purent tenir. |

*Plus-que-parfait.*

| | |
|---|---|
| *Coubera,* | j'avais pu tenir. |
| *Couberas,* | tu avais pu tenir. |
| *Coubera,* | il avait pu tenir. |
| *Couberamos,* | nous avions pu tenir. |
| *Coubéreis,* | vous aviez pu tenir. |
| *Couberam,* | ils avaient pu tenir. |

SUBJONCTIF

*Présent.*

| | |
|---|---|
| *Que eu caiba.* | que je puisse tenir. |
| *Que tu caibas,* | que tu puisses tenir. |
| *Que elle caiba,* | qu'il puisse tenir. |
| *Que nós caibamos.* | que nous puissions tenir. |
| *Que vós caibais,* | que vous puissiez tenir. |
| *Que elle caibam,* | qu'ils puissent tenir. |

### *Imparfait.*

| | |
|---|---|
| *Que eu coubesse,* | que je pusse tenir. |
| *Que tu coubesses,* | que tu pusses tenir. |
| *Que elle coubesse,* | qu'il pût tenir. |
| *Que nós coubéssemos,* | que nous pussions tenir. |
| *Que vós coubésseis,* | que vous pussiez tenir. |
| *Que elles coubéssem,* | qu'ils pussent tenir. |

### *Futur.*

| | |
|---|---|
| *Se eu couber,* | si je puis tenir. |
| *Se tu couberes,* | si tu peux tenir. |
| *Se elle couber,* | s'il peut tenir. |
| *Se nós coubermos,* | si nous pouvons tenir. |
| *Se vós couberdes,* | si vous pouvez tenir. |
| *Se elles couberem,* | s'ils peuvent tenir. |

### *Autre futur.*

| | |
|---|---|
| *Quando eu couber,* | quand je pourrai tenir. |
| *Quando tu couberes,* | quand tu pourras tenir. |
| *Quando elle couber,* | quand il pourra tenir. |
| *Quando nós coubermos,* | quand nous pourrons tenir. |
| *Quando vós couberdes,* | quand vous pourrez tenir. |
| *Quando elles couberem,* | quand ils pourront tenir. |

## *CRER.* — CROIRE.

### INDICATIF

### *Présent.*

| | | | |
|---|---|---|---|
| *Creio,* | je crois. | *Crêmos,* | nous croyons. |
| *Crês,* | tu crois. | *Crêdes,* | vous croyez. |
| *Crê,* | il croit. | *Crêem,* | ils croient. |

### IMPÉRATIF

| | |
|---|---|
| *Crê tu,* | crois. |
| *Creia elle,* | qu'il croie. |
| *Creiamos nós,* | croyons. |
| *Crêde vós,* | croyez. |
| *Creiam elles,* | qu'ils croient. |

### SUBJONCTIF

#### *Présent.*

| | |
|---|---|
| *Que eu creia,* | que je croie. |
| *Que tu creias,* | que tu croies. |
| *Que elle creia,* | qu'il croie. |
| *Que nós creiamos,* | que nous croyons. |
| *Que vós creiais,* | que vous croyez. |
| *Que elles creiam,* | qu'ils croient. |

## *DIZER.* — DIRE.

### INDICATIF

#### *Présent.*

| | |
|---|---|
| *Digo,* | je dis. |
| *Dizes,* | tu dis. |
| *Diz,* | il dit. |

#### *Prétérit défini.*

| | | | |
|---|---|---|---|
| *Disse,* | je dis. | *Dissémos,* | nous dîmes. |
| *Disseste,* | tu dis. | *Dissestes,* | vous dîtes. |
| *Disse,* | il dit. | *Disseram,* | ils dirent. |

#### *Plus-que-parfait.*

| | | | |
|---|---|---|---|
| *Dissera,* | j'avais dit. | *Disséramos,* | nous avions dit. |
| *Disseras,* | tu avais dit. | *Dissereis,* | vous aviez dit. |
| *Dissera,* | il avait dit. | *Disseram,* | ils avaient dit. |

### *Futur.*

| | | | |
|---|---|---|---|
| *Direi,* | je dirai. | *Diremos,* | nous dirons. |
| *Dirás,* | tu diras. | *Direis,* | vous direz. |
| *Dirá,* | il dira. | *Dirão,* | ils diront. |

## CONDITIONNEL

### *Présent.*

| | | | |
|---|---|---|---|
| *Diria,* | je dirais. | *Diriamos,* | nous dirions. |
| *Dirias,* | tu dirais. | *Dirieis,* | vous diriez. |
| *Diria,* | il dirait. | *Diriam,* | ils diraient. |

## IMPÉRATIF

| | |
|---|---|
| *Dize tu,* | dis. |
| *Diga elle,* | qu'il dise. |
| *Digamos nós,* | disons. |
| *Dizei vós,* | dites. |
| *Digam elles,* | qu'ils disent. |

## SUBJONCTIF

### *Présent.*

| | |
|---|---|
| *Que eu diga,* | que je dise. |
| *Que tu digas,* | que tu dises. |
| *Que elle diga,* | qu'il dise. |
| *Que nós digamos,* | que nous disions. |
| *Que vós digais,* | que vous disiez. |
| *Que elles digam,* | qu'ils disent. |

### *Imparfait.*

| | |
|---|---|
| *Que eu dissesse,* | que je disse. |
| *Que tu dissesses,* | que tu disses. |
| *Que elle dissesse,* | qu'il dît. |
| *Que nós dissêssemos,* | que nous dissions. |
| *Que vos dissesseis,* | que vous dissiez. |
| *Que elles dissessem,* | qu'ils dissent. |

### *Futur.*

| | |
|---|---|
| *Se eu disser,* | si je dis. |
| *Se tu disseres,* | si tu dis. |
| *Se elle disser,* | s'il dit. |
| *Se nós dissermos,* | si nous disons. |
| *Se vós disserdes,* | si vous disez. |
| *Se elles disserem,* | s'ils disent. |

### *Autre futur.*

| | |
|---|---|
| *Quando eu disser,* | quand je dirai. |
| *Quando tu disseres,* | quand tu diras. |
| *Quando elle disser,* | quand il dira. |
| *Quando nós dissermos,* | quand nous dirons. |
| *Quando vós disserdes,* | quand vous direz. |
| *Quando elles disserem,* | quand ils diront. |

### *Participe passé.*

| | |
|---|---|
| *Dito,* | dit. |
| *Dita,* | dite. |
| *Ditos,* | dits. |
| *Ditas,* | dites. |

## XXXVI.

### VOCABULAIRE.

| | | | |
|---|---|---|---|
| *Mandar,* | envoyer. | *Guardanapo,* | serviette. |
| *Charuto,* | cigare. | *Sacco,* | sac. |
| *Amizade,* | amitié. | *Lã,* | laine. |
| *Tambem,* | aussi. | *Ilha,* | isle. |

Eu não caibo n'aquelle armario. — Diga ao seu cunhado que me mande os charutos. — Creia na minha amizade. — Disse-lhe que os guardanapos estavam na gaveta. — Se a lã coubesse n'aquelle sacco mandava-a para tua casa. — Se elle crê no que o Snr lhe diz, tambem deve crer no que eu lhe digo. — O Sñr disse-me que a Inglaterra é uma ilha, mas eu não creio.

## XXXVII.

### VOCABULAIRE.

| | | | |
|---|---|---|---|
| Effets, | *roupa*, | Marier, | *casar*. |
| Malle, | *malla*. | Jambe, | *perna*. |
| Sauver, | *salvar*. | Casser, | *quebrar*. |
| Content, | *contente*. | Belles paroles, | *boas palavras*. |

Tes effets purent tenir dans ta malle. — Crois en moi et je te sauverai. — Dis-moi si tu te maries demain. — Je le dirai. — Je le dirais si je le savais (*soubesse*). — Nous dîmes qu'il avait la jambe cassée. — Quand je vous dirai ce qu'il m'a dit vous serez content. — Ils me dirent de belles paroles.

## *FAZER*. — FAIRE.

### INDICATIF

#### *Présent.*

| | |
|---|---|
| *Faço*, | je fais. |
| *Fazes*, | tu fais. |
| *Faz*, | il fait. |

#### *Prétérit défini.*

| | | | |
|---|---|---|---|
| *Fiz*, | je fis. | *Fizemos*, | nous fîmes. |
| *Fizeste*, | tu fis. | *Fizestes*, | vous fîtes. |
| *Fez*, | il fit. | *Fizeram*, | ils firent. |

#### *Plus-que-parfait.*

| | | | |
|---|---|---|---|
| *Fizera*, | j'avais fait. | *Fizeramos*, | nous avions fait. |
| *Fizeras*, | tu avais fait. | *Fizereis*, | vous aviez fait. |
| *Fizera*, | il avait fait. | *Fizeram*, | ils avaient fait. |

### *Futur.*

| | | | |
|---|---|---|---|
| *Farei,* | je ferai. | *Faremos,* | nous ferons. |
| *Farás,* | tu feras. | *Fareis,* | vous ferez. |
| *Fará,* | il fera. | *Farão,* | ils feront. |

## CONDITIONNEL

### *Présent.*

| | | | |
|---|---|---|---|
| *Faria,* | je ferais. | *Fariamos,* | nous ferions. |
| *Farias,* | tu ferais. | *Farieis,* | vous feriez. |
| *Faria,* | il ferait. | *Fariam,* | ils feraient. |

## IMPÉRATIF

| | |
|---|---|
| *Faze tu,* | fais. |
| *Faça elle,* | qu'il fasse. |
| *Façamos nós,* | faisons. |
| *Fazei vós,* | faites. |
| *Façam elles,* | qu'ils fassent. |

## SUBJONCTIF

### *Présent.*

| | |
|---|---|
| *Que eu faça,* | que je fasse. |
| *Que tu faças,* | que tu fasses. |
| *Que elle faça,* | qu'il fasse. |
| *Que nós façamos,* | que nous fassions. |
| *Que vós façais,* | que vous fassiez. |
| *Que elles façam,* | qu'ils fassent. |

### *Imparfait.*

| | |
|---|---|
| *Que eu fizesse,* | que je fisse. |
| *Que tu fizesses,* | que tu fisses. |
| *Que elle fizesse,* | qu'il fît. |
| *Que nós fizessemos,* | que nous fissions. |
| *Que vós fizesseis,* | que vous fissiez. |
| *Que elles fizessem,* | qu'ils fissent. |

### *Futur.*

| | | | |
|---|---|---|---|
| *Se eu fizer,* | si je fais. | *Se nós fizermos,* | si nous faisons. |
| *Se tu fizeres,* | si tu fais. | *Se vós fizerdes,* | si vous faites. |
| *Se elle fizer,* | s'il fait. | *Se elles fizerem,* | s'ils font. |

### *Autre futur.*

| | |
|---|---|
| *Quando eu fizer,* | quand je ferai. |
| *Quando tu fizeres,* | quand tu feras. |
| *Quando elle fizer,* | quand il fera. |
| *Quando nós fizermos,* | quand nous ferons. |
| *Quando vós fizerdes,* | quand vous ferez. |
| *Quando elles fizerem,* | quand ils feront. |

### *Participe passé.*

| | |
|---|---|
| *Feito,* | fait. |
| *Feita,* | faite. |
| *Feitos,* | faits. |
| *Feitas,* | faites. |

## *HAVER.* — AVOIR.

**Voir la conjugaison de ce verbe, page 14.**

## *LER.* — LIRE.

### INDICATIF

### *Présent.*

| | | | |
|---|---|---|---|
| *Leio,* | je lis. | *Lêmos,* | nous lisons. |
| *Lês,* | tu lis. | *Lêdes,* | vous lisez. |
| *Lê,* | il lit. | *Lêem,* | ils lisent. |

### IMPÉRATIF.

*Lê tu,* lis.
*Leia elle,* qu'il lise.
*Leiamos nós,* lisons.
*Lêde vós,* lisez.
*Leiam elles,* qu'ils lisent.

### SUBJONCTIF
#### *Présent.*

*Que eu leia,* que je lise.
*Que tu leias,* que tu lises.
*Que elle leia,* qu'il lise.
*Que nós leiamos,* que nous lisions.
*Que vós leiais,* que vous lisiez.
*Que elles leiam,* qu'ils lisent.

## *PODER.* — POUVOIR.

### INDICATIF
#### *Présent.*

*Posso,* je puis.
*Pódes,* tu peux.
*Póde,* il peut.

#### *Prétérit défini.*

*Pude,* je pus.
*Pudeste,* tu pus.
*Poude,* il put.
*Pudémos,* nous pûmes.
*Pudestes,* vous pûtes.
*Puderam,* ils purent.

#### *Plus-que-parfait.*

*Pudera,* j'avais pu.
*Puderas,* tu avais pu.
*Pudera,* il avait pu.
*Puderamos,* nous avions pu.
*Pudereis,* vous aviez pu.
*Puderam,* ils avaient pu.

## *Sans* IMPÉRATIF.

### SUBJONCTIF

### *Présent.*

| | |
|---|---|
| *Que eu possa,* | que je puisse. |
| *Que tu possa,* | que tu puisse. |
| *Que elle possa,* | qu'il puisse. |
| *Que nós possamos,* | que nous puissions. |
| *Que vós possais,* | que vous puissiez. |
| *Que elles possam,* | qu'ils puissent. |

### *Imparfait.*

| | |
|---|---|
| *Que eu pudesse,* | que je pusse. |
| *Que tu pudesse,* | que tu pusses. |
| *Que elle pudesse,* | qu'il pût. |
| *Que nós pudessemos,* | que nous pussions. |
| *Que vós pudesseis,* | que vous pussiez. |
| *Que elles pudessem,* | qu'ils pussent. |

### *Futur.*

| | |
|---|---|
| *Se eu puder,* | si je puis. |
| *Se tu puderes,* | si tu peux. |
| *Se elle puder,* | s'il peut. |
| *Se nós pudermos,* | si nous pouvons. |
| *Se vós puderdes,* | si vous pouvez. |
| *Se elles puderem,* | s'ils peuvent. |

### *Autre futur.*

| | |
|---|---|
| *Quando eu puder,* | quand je pourrai. |
| *Quando tu puderes,* | quand tu pourras, |
| *Quando elle puder,* | quand il pourra. |
| *Quando nós pudermos,* | quand nous pourrons. |
| *Quando vós puderdes,* | quand vous pourrez. |
| *Quando elles puderem,* | quand ils pourront. |

## *QUERER.* — VOULOIR.

### INDICATIF

#### *Présent.*

| | |
|---|---|
| *Quero,* | je veux. |
| *Queres,* | tu veux. |
| *Quer,* | il veut. |

#### *Prétérit défini.*

| | |
|---|---|
| *Quiz,* | je voulus. |
| *Quizestes,* | tu voulus. |
| *Quiz,* | il voulut. |
| *Quizemos,* | nous voulûmes. |
| *Quizéstes,* | vous voulûtes. |
| *Quizeram,* | ils voulurent. |

#### *Plus-que-parfait.*

| | |
|---|---|
| *Quizera,* | j'avais voulu. |
| *Quizeras,* | tu avais voulu. |
| *Quizera,* | il avait voulu. |
| *Quizeramos,* | nous avions voulu. |
| *Quizereis,* | vous aviez voulu. |
| *Quizeram,* | ils avaient voulu. |

### *Sans* IMPÉRATIF.

### SUBJONCTIF

#### *Présent.*

| | |
|---|---|
| *Que eu queira,* | que je veuille. |
| *Que tu queiras,* | que tu veuilles. |
| *Que elle queira,* | qu'il veuille. |
| *Que nós queiramos,* | que nous veuillons. |
| *Que vós queirais,* | que vous veuillez. |
| *Que elles queiram,* | qu'ils veuillent. |

### *Imparfait.*

| | |
|---|---|
| *Que eu quizesse,* | que je voulusse. |
| *Que tu quizesses,* | que tu voulusses. |
| *Que elle quizesse,* | qu'il voulût. |
| *Que nós quizessemos,* | que nous voulussions. |
| *Que vós quizesseis,* | que vous voulussiez. |
| *Que elles quizessem,* | qu'ils voulussent. |

### *Futur.*

| | |
|---|---|
| *Se eu quizer,* | si je veux. |
| *Se tu quizeres,* | si tu veux. |
| *Se elle quizer,* | s'il veut. |
| *Se nós quizermos,* | si nous voulons. |
| *Se vós quizerdes,* | si vous voulez. |
| *Se elles quizerem,* | s'ils veulent. |

### *Autre futur.*

| | |
|---|---|
| *Quando eu quizer,* | quand je voudrai. |
| *Quando tu quizeres,* | quand tu voudras. |
| *Quando elle quizer,* | quand il voudra. |
| *Quando nós quizermos,* | quand nous voudrons. |
| *Quando vós quizerdes,* | quand vous voudrez. |
| *Quando elles quizerem,* | quand ils voudront. |

## XXXVIII.

### VOCABULAIRE.

| | | | |
|---|---|---|---|
| *Trabalhar,* | travailler. | *Gostar,* | aimer. |
| *Manuscripto,* | manuscrit. | *Devagar,* | doucement. |
| *Campo,* | campagne. | *Dote,* | dot. |
| *Licença,* | permission. | *Casar,* | marier. |
| *Romance,* | roman. | *Talvez,* | peut-être. |
| *Conselho,* | conseil. | *Viajar,* | voyager. |
| *Quatro,* | quatre. | *Légua,* | lieue. |
| *Dia,* | jour. | *Carta,* | lettre. |

Não posso trabalhar, porque estou doente. — Faço o que posso. — Fizeste o que te disse? — Não leia. — O que fazes? — Leio o manuscripto. — Queres ir para o campo? — Não posso. — Porque não podes? — Porque não tenho licença. — Já leste aquelle romance? — Ainda não. — Se o lesses havias de gostar. — Quando o leres, dize-m'o. — Leio devagar. — Quando puder dar um dote a minha filha, caso-a com teu irmão. — Se quizeres caso-a comtigo. — Talvez ella não queira. — Dou-te um conselho : quando puderes vai (*va*) viajar. — Posso andar quatro léguas por dia, mas tu não podes. — Lê aquella carta.

## XXXIX.

### VOCABULAIRE.

| | | | |
|---|---|---|---|
| Liqueur, | *licôr.* | Prêté, | *emprestado.* |
| Page, | *pagina.* | Intéressant, | *interessante.* |
| Quatrième, | *quarta.* | Accompagner, | *accompanhar.* |
| Bruit, | *ruido.* | Comme il l'entend, | *como quizer.* |
| Oncle, | *tio.* | Coffre, | *coffre.* |
| Dictionnaire, | *diccionario.* | Vite, | *depressa.* |
| Harnais, | *arreios.* | Étude, | *estudo.* |
| Thème, | *thema.* | Approfondi, | *profundo.* |

Veux-tu de cette liqueur? — Non, je veux que tu lises un peu. — Lis la quatrième page. — Ne faites pas tant de bruit. — Mon oncle a fait un dictionnaire anglais. — Il fera après un dictionnaire portugais. — J'ai lu le livre que vous m'avez prêté, il est très-intéressant. — Quand je pourrai, je lirai votre ouvrage. — Ma tante Emma n'a pas voulu nous accompagner à Paris. — Qu'il fasse comme il l'entend. — Il fit trois coffres dans une heure. — Il lit très-vite. — Ils ont fait la voiture. — Nous avons fait les harnais. — Lisez votre thème. — Quand je voudrai je ferai une étude approfondie.

## *SABER.* — SAVOIR.

### INDICATIF

#### *Présent.*

| | |
|---|---|
| *Sei,* | je sais. |
| *Sabes,* | tu sais. |
| *Sabe,* | il sait. |

#### *Prétérit défini.*

| | | | |
|---|---|---|---|
| *Soube,* | je sus. | *Soubemos,* | nous sûmes. |
| *Soubeste,* | tu sus. | *Soubestes,* | vous sûtes. |
| *Soube,* | il sut. | *Souberam,* | ils surent. |

#### *Plus-que-parfait.*

| | |
|---|---|
| *Soubera,* | j'avais su. |
| *Souberas,* | tu avais su. |
| *Soubera,* | il avait su. |
| *Souberamos,* | nous avions su. |
| *Soubereis,* | vous aviez su. |
| *Souberam,* | ils avaient su. |

### IMPÉRATIF

| | |
|---|---|
| *Sabe tu,* | sache. |
| *Saiba elle,* | qu'il sache. |
| *Saibamos nós,* | sachons. |
| *Sabei vós,* | sachez. |
| *Saibam elles,* | qu'ils sachent. |

### SUBJONCTIF

#### *Présent.*

| | |
|---|---|
| *Que eu saiba,* | que je sache. |
| *Que tu saibas,* | que tu saches. |
| *Que elle saiba,* | qu'il sache. |
| *Que nós saibamos,* | que nous sachions. |
| *Que vós saibais,* | que vous sachiez. |
| *Que elles saibam,* | qu'ils sachent.

### *Imparfait.*

| | |
|---|---|
| *Que eu soubesse,* | que je susse. |
| *Que tu soubesses,* | que tu susses. |
| *Que elle soubesse,* | qu'il sût. |
| *Que nós soubéssemos,* | que nous sussions. |
| *Que vós soubesseis,* | que vous sussiez. |
| *Que elles soubessem,* | qu'ils sussent. |

### *Futur.*

| | |
|---|---|
| *Se eu souber,* | si je sais. |
| *Se tu souberes,* | si tu sais. |
| *Se elle souber,* | s'il sait. |
| *Se nós soubermos,* | si nous savons. |
| *Se vós souberdes,* | si vous savez. |
| *Se elles souberem,* | s'ils savent. |

### *Autre futur.*

| | |
|---|---|
| *Quando eu souber,* | quand je saurai. |
| *Quando tu souberes,* | quand tu sauras. |
| *Quando elle souber,* | quand il saura. |
| *Quando nós soubermos,* | quand nous saurons. |
| *Quando vós souberdes,* | quand vous saurez. |
| *Quando elles souberem,* | quand ils sauront. |

## *SER.* — ÊTRE.

**Voir la conjugaison de ce verbe, page 24.**

## *TER.* — AVOIR.

**Voir la conjugaison de ce verbe, page 8.**

## *TRAZER.* — APPORTER.

### INDICATIF

### *Présent.*

| | |
|---|---|
| *Trago,* | j'apporte. |
| *Trazes,* | tu apportes. |
| *Traz,* | il apporte. |

### *Prétérit défini.*

| | |
|---|---|
| *Trouxe,* | j'apportai. |
| *Trouxeste,* | tu apportas. |
| *Trouxe,* | il apporta. |
| *Trouxemos,* | nous apportâmes. |
| *Trouxestes,* | vous apportâtes. |
| *Trouxeram,* | ils apportèrent. |

### *Plus-que-parfait.*

| | |
|---|---|
| *Trouxera,* | j'avais apporté. |
| *Trouxeras,* | tu avais apporté. |
| *Trouxera,* | il avait apporté. |
| *Trouxeramos,* | nous avions apporté. |
| *Trouxereis,* | vous aviez apporté. |
| *Trouxeram,* | ils avaient apporté. |

### *Futur.*

| | |
|---|---|
| *Trarei,* | j'apporterai. |
| *Trarás,* | tu apporteras. |
| *Trará,* | il apportera. |
| *Traremos,* | nous apporterons. |
| *Trareis,* | vous apporterez. |
| *Trarão,* | ils apporteront. |

## CONDITIONNEL

### *Présent.*

| | |
|---|---|
| *Traria,* | j'apporterais. |
| *Trarias,* | tu apporterais. |
| *Traria,* | il apporterait. |
| *Trariamos,* | nous apporterions. |
| *Trarieis,* | vous apporteriez. |
| *Trariam,* | ils apporteraient. |

## IMPÉRATIF.

| | |
|---|---|
| *Traze tu,* | apporte. |
| *Traga elle,* | qu'il apporte. |
| *Tragamos nós,* | apportons. |
| *Trazei vós,* | apportez. |
| *Tragam elles,* | qu'ils apportent. |

### SUBJONCTIF

#### *Présent.*

| | |
|---|---|
| *Que eu traga,* | que j'apporte. |
| *Que tu tragas,* | que tu apportes. |
| *Que elle traga,* | qu'il apporte. |
| *Que nós tragamos,* | que nous apportions. |
| *Que vós tragais,* | que vous apportiez. |
| *Que elles tragam,* | qu'ils apportent. |

#### *Imparfait.*

| | |
|---|---|
| *Que eu trouxesse,* | que j'apportasse. |
| *Que tu trouxesses,* | que tu apportasse. |
| *Que elle trouxesse,* | qu'il apportât. |
| *Que nós trouxessemos,* | que nous apportassions. |
| *Que vós trouxesseis,* | que vous apportassiez. |
| *Que elles trouxessem,* | qu'ils apportassent. |

#### *Futur.*

| | |
|---|---|
| *Se eu trouxer,* | si j'apporte. |
| *Se tu trouxeres,* | si tu apportes. |
| *Se elle trouxer,* | s'il apporte. |
| *Se nós trouxermos,* | si nous apportons. |
| *Se vós trouxerdes,* | si vous apportez. |
| *Se elles trouxerem,* | s'ils apportent. |

#### *Autre futur.*

| | |
|---|---|
| *Quando eu trouxer,* | quand j'apporterai. |
| *Quando tu trouxeres,* | quand tu apporteras. |
| *Quando elle trouxer,* | quand il apportera. |
| *Quando nos trouxermos,* | quand nous apporterons. |
| *Quando vos trouxerdes,* | quand vous apporterez. |
| *Quando elles trouxerem,* | quand ils apporteront. |

# *VER.* — VOIR.

## INDICATIF

### *Présent.*

| | | | |
|---|---|---|---|
| *Vejo,* | je vois. | *Vemos,* | nous voyons. |
| *Vês,* | tu vois. | *Vêdes,* | vous voyez. |
| *Vê,* | il voit. | *Vêem,* | ils voient. |

### *Plus-que-parfait.*

| | | | |
|---|---|---|---|
| *Vira,* | j'avais vu. | *Viramos,* | nous avions vu. |
| *Viras,* | tu avais vu. | *Vireis,* | vous aviez vu. |
| *Vira,* | il avait vu. | *Viram,* | ils avaient vu. |

## IMPÉRATIF

| | |
|---|---|
| *Vê tu,* | vois. |
| *Veja elle,* | qu'il voie. |
| *Vejamos nós,* | voyons. |
| *Véde vós,* | voyez. |
| *Véjam elles,* | qu'ils voient. |

## SUBJONCTIF

### *Présent.*

| | |
|---|---|
| *Que eu veja,* | que je voie. |
| *Que tu vejas,* | que tu voies. |
| *Que elle veja,* | qu'il voie. |
| *Que nós vejamos,* | que nous voyions |
| *Que vós vejais,* | que vous voyez. |
| *Que elles vejam,* | qu'ils voient. |

### *Imparfait.*

| | |
|---|---|
| *Que eu visse,* | que je visse. |
| *Que tu visses,* | que tu visses. |
| *Que elle visse,* | qu'il vît |
| *Que nós vissemos,* | que nous vissions. |
| *Que vós visseis,* | que vous vissiez. |
| *Que elles vissem,* | qu'ils vissent. |

*Futur.*

| | | | |
|---|---|---|---|
| *Se eu vir,* | si je vois. | *Se nós virmos,* | si nous voyons. |
| *Se tu vires,* | si tu vois. | *Se vós virdes,* | si vous voyez. |
| *Se elle vir,* | s'il voit. | *Se elles virem,* | s'ils voient. |

*Autre futur.*

| | |
|---|---|
| *Quando eu vir,* | quand je verrai. |
| *Quando tu vires,* | quand tu verras. |
| *Quando elle vir,* | quand il verra. |
| *Quando nós virmos,* | quand nous verrons. |
| *Quando vós virdes,* | quand vous verrez. |
| *Quando elles virem,* | quand ils verront. |

*Participe passé.*

| | |
|---|---|
| *Visto,* | vu. |
| *Vista,* | vue. |
| *Vistos,* | vus. |
| *Vistas,* | vues. |

## XL.

VOCABULAIRE.

| | | | |
|---|---|---|---|
| *Sobretudo,* | pardessus. | *Casar-se,* | se marier. |
| *Offerecer,* | offrir. | *Presente,* | cadeau. |
| *Madeira,* | Madère. | *Ananaz,* | ananas. |
| *Caes,* | quai. | *Barba,* | barbe. |
| *Chorar,* | pleurer. | *Comprido,* | long. |
| *Agora,* | maintenant. | *Embrulho,* | paquet. |

**Não sei que horas são. — Traze o teu sobretudo, faz frio. — Trouxeste a chave? — Viste a minha prima Annette? — Vi-a quando estive em Lisboa. — Ha mais d'um anno que a não vejo. — A ultima vez que jantei em sua casa offereceu-me vinho da Madeira. — A ultima**

vez que a vi foi no caes de Lisboa, quando veio[1] accompanhar minha mulher. — Não sei se chorou, mas parece-me que não. — Quando eu souber que ella está para (*va*) se casar mando-lhe um rico presente. — Sou muito rico mas não quero que se (*on le*) saiba. — Trouxe dois ananazes do Brazil. — Viu aquelle homem? — Vi que tinha a barba muito comprida. — Veja agora. — Traga o embrulho.

## XLI.

### VOCABULAIRE.

| | | | |
|---|---|---|---|
| Armée, | *exercito.* | Plume, | *penna.* |
| Persuader, | *persuadir.* | Vocabulaire, | *vocabulario.* |
| Impossible, | *impossivel.* | Comédie, | *comédia.* |
| Refuser, | *recusar.* | Lueur, | *clarão.* |
| Tailler, | *aparar.* | Poire, | *pêra.* |
| Foire, | *feira.* | Prune, | *ameixa.* |
| Panier, | *cesto.* | Se taire, | *callar-se.* |

Ils apportèrent tous les fusils de l'armée. — Ils sauront si bien nous persuader, qu'il nous sera impossible de refuser. — Savez-vous tailler une plume? — Apportez-moi le vocabulaire. — Avez-vous vu la comédie hier soir (*hontem á noute*)? — Voyez-vous cette lueur? — Nous apportâmes des poires de la foire. — Avez-vous apporté les prunes? — Elles sont dans le panier. — Qu'ils sachent se taire. — Je ne vois pas quelle heure il est (*que horas são*). — Je ne sais pas si ces poires sont mûres. — Celles que vous m'avez apportées hier étaient mûres. — Ils ont été vus à la foire. — Savez-vous faire une comédie? — Je ne sais pas. — Quand je vous apporterai les prunes, vous me donnerez le panier.

[1] Vide page 81.

## Verbes irréguliers de la troisième conjugaison en IR.

### *IR.* — ALLER.

INDICATIF

*Présent.*

| | | | |
|---|---|---|---|
| *Vou,* | je vais. | *Vamos,* | nous allons. |
| *Vás,* | tu vas. | *Ides,* | vous allez. |
| *Vai,* | il va. | *Vão,* | ils vont. |

*Imparfait.*

| | | | |
|---|---|---|---|
| *Ia,* | j'allais. | *Iamos,* | nous allions. |
| *Ias,* | tu allais. | *Ieis,* | vous alliez. |
| *Ia,* | il allait. | *Ião,* | ils allaient. |

*Prétérit défini.*

| | | | |
|---|---|---|---|
| *Fui,* | j'allai. | *Fomos,* | nous allâmes. |
| *Foste,* | tu allas. | *Fostes,* | vous allâtes. |
| *Foi,* | il alla. | *Fôram,* | ils allèrent. |

*Plus-que-parfait.*

| | |
|---|---|
| *Fôra,* | j'étais allé. |
| *Fôras,* | tu étais allé. |
| *Fôra,* | il était allé. |
| *Fôramos,* | nous étions allés. |
| *Fôreis,* | vous étiez allés. |
| *Fôram,* | ils étaient allés. |

IMPÉRATIF

| | |
|---|---|
| *Vai tu,* | va. |
| *Vá elle,* | qu'il aille. |
| *Vamos nós,* | allons. |
| *Ide vós,* | allez. |
| *Vão elles,.* | qu'ils aillent. |

### SUBJONCTIF

#### *Présent.*

| | |
|---|---|
| *Que eu vá,* | que j'aille. |
| *Que tu vás,* | que tu ailles. |
| *Que elle vá,* | qu'il aille. |
| *Que nós vamos,* | que nous allions. |
| *Que vós vades,* | que vous alliez. |
| *Que elles vão,* | qu'ils aillent. |

#### *Imparfait.*

| | |
|---|---|
| *Que eu fôsse,* | que j'allasse. |
| *Que tu fôsses,* | que tu allasses. |
| *Que elle fôsse,* | qu'il allât. |
| *Que nós fôssemos,* | que nous allassions. |
| *Que vós fôsseis,* | que vous allassiez. |
| *Que elles fôssem,* | qu'ils allassent. |

#### *Futur.*

| | | | |
|---|---|---|---|
| *Se eu fôr,* | si je vais. | *Se nós formos,* | si nous allons. |
| *Se tu fôres,* | si tu vas. | *Se vós fôrdes,* | si vous allez. |
| *Se elle fôr,* | s'il va. | *Se elles fôrem,* | s'ils vont. |

#### *Autre futur.*

| | |
|---|---|
| *Quando eu fôr,* | quand j'irai. |
| *Quando tu fôres,* | quand tu iras. |
| *Quando elle fôr,* | quand il ira. |
| *Quando nós formos,* | quand nous irons. |
| *Quando vós fôrdes,* | quand vous irez. |
| *Quando elles fôrem,* | quand ils iront. |

## *RIR* [1]. — RIRE.

### INDICATIF

#### *Présent.*

| | | | |
|---|---|---|---|
| *Rio,* | je ris. | *Rimos,* | nous rions. |
| *Ris,* | tu ris. | *Rides,* | vous riez. |
| *Ri,* | il rit. | *Riem,* | ils rient. |

### IMPÉRATIF

| | |
|---|---|
| *Ri tu,* | ris. |
| *Ria elle,* | qu'il rie. |
| *Riamos nós,* | rions. |
| *Ride vós,* | riez. |
| *Riam elles,* | qu'ils rient. |

### SUBJONCTIF

#### *Présent.*

| | |
|---|---|
| *Que eu ria,* | que je rie. |
| *Que tu rias,* | que tu ries. |
| *Que elle ria,* | qu'il rie. |
| *Que nós riamos,* | que nous riions. |
| *Que vós riais,* | que vous riiez. |
| *Que elles riam,* | qu'ils rient. |

## *VIR.* — VENIR.

### INDICATIF

#### *Présent.*

| | | | |
|---|---|---|---|
| *Venho,* | je viens. | *Vimos,* | nous venons. |
| *Vens,* | tu viens. | *Vindes,* | vous venez. |
| *Vem,* | il vient. | *Veem,* | ils viennent. |

[1] Généralement on n'emploie ce verbe que sous la forme pronominale.

### *Imparfait.*

| | | | |
|---|---|---|---|
| *Vinha,* | je venais. | *Vinhamos,* | nous venions. |
| *Vinhas,* | tu venais. | *Vinheis,* | vous veniez. |
| *Vinha,* | il venait. | *Vinham,* | ils venaient. |

### *Prétérit défini.*

| | | | |
|---|---|---|---|
| *Vim,* | je vins. | *Viemos,* | nous vînmes. |
| *Vieste,* | tu vins. | *Viestes,* | vous vîntes. |
| *Veio,* | il vint. | *Vieram,* | ils vinrent. |

### *Plus-que-parfait.*

| | |
|---|---|
| *Viera,* | j'étais venu. |
| *Vieras,* | tu étais venu. |
| *Viera,* | il était venu. |
| *Vieramos,* | nous étions venus. |
| *Viereis,* | vous étiez venus. |
| *Vieram,* | ils étaient venus. |

## IMPÉRATIF

| | |
|---|---|
| *Vem tu,* | viens. |
| *Venha elle,* | qu'il vienne. |
| *Venhamos nós,* | venons. |
| *Vinde vós,* | venez. |
| *Venham elles,* | qu'ils viennent. |

## SUBJONCTIF

### *Présent.*

| | |
|---|---|
| *Que eu venha,* | que je vienne. |
| *Que tu venhas,* | que tu viennes. |
| *Que elle venha,* | qu'il vienne. |
| *Que nós venhamos,* | que nous venions. |
| *Que vós venhais,* | que vous veniez. |
| *Que elles venham,* | qu'ils viennent. |

### *Imparfait.*

| | |
|---|---|
| *Que eu viesse,* | que je vinsse. |
| *Que tu viesses,* | que tu vinsses. |
| *Que elle viesse,* | qu'il vînt. |
| *Que nós viéssemos,* | que nous vinssions. |
| *Que vós viésseis,* | que vous vinssiez. |
| *Que elles viéssem,* | qu'ils vinssent. |

### *Futur.*

| | |
|---|---|
| *Se eu vier,* | si je viens. |
| *Se tu vieres,* | si tu viens. |
| *Se elle vier,* | s'il vient. |
| *Se nós viermos,* | si nous venons. |
| *Se vós vierdes,* | si vous venez. |
| *Se elles viérem,* | s'ils viennent. |

### *Autre futur.*

| | |
|---|---|
| *Quando eu vier,* | quand je viendrai. |
| *Quando tu vieres,* | quand tu viendras. |
| *Quando elle vier,* | quand il viendra. |
| *Quando nós viermos,* | quand nous viendrons. |
| *Quando vós vierdes,* | quand vous viendrez. |
| *Quando elles viérem,* | quand ils viendront. |

### *Participe passé.*

| | |
|---|---|
| *Vindo,* | venu. |
| *Vinda,* | venue. |
| *Vindos,* | venus. |
| *Vindas,* | venues. |

## Conjugaison en OR.

### *PÔR*, — METTRE.

INDICATIF

*Présent.*

| | | | |
|---|---|---|---|
| *Ponho*, | je mets. | *Pomos*, | nous mettons. |
| *Pões*, | tu mets. | *Pondes*, | vous mettez. |
| *Pôe*, | il met. | *Pôem*, | ils mettent. |

*Imparfait.*

| | | | |
|---|---|---|---|
| *Punha*, | je mettais. | *Punhamos*, | nous mettions. |
| *Punhas*, | tu mettais. | *Punheis*, | vous mettiez. |
| *Punha*, | il mettait. | *Punham*, | ils mettaient. |

*Prétérit défini.*

| | | | |
|---|---|---|---|
| *Puz*, | je mis. | *Puzemos*, | nous mîmes. |
| *Puzeste*, | tu mis. | *Puzestes*, | vous mîtes. |
| *Poz*, | il mit. | *Puzeram*, | ils mirent. |

*Plus-que-parfait.*

| | | | |
|---|---|---|---|
| *Puzera*, | j'avais mis. | *Puzeramos*, | nous avions mis. |
| *Puzeras*, | tu avais mis. | *Puzereis*, | vous aviez mis. |
| *Puzera*, | il avait mis. | *Puzeram*, | ils avaient mis. |

*Futur.*

| | | | |
|---|---|---|---|
| *Porei*, | je mettrai. | *Poremos*, | nous mettrons. |
| *Porás*, | tu mettras. | *Poreis*, | vous mettrez. |
| *Porá*, | il mettra. | *Porão*, | ils mettront. |

CONDITIONNEL

*Présent.*

| | | | |
|---|---|---|---|
| *Poria*, | je mettrais. | *Poriamos*, | nous mettrions. |
| *Porias*, | tu mettrais. | *Porieis*, | vous mettriez. |
| *Poria*, | il mettrait. | *Poriam*, | ils mettraient. |

IMPÉRATIF

| | |
|---|---|
| *Põe tu,* | mets. |
| *Ponha elle,* | qu'il mette. |
| *Ponhamos nós,* | mettons. |
| *Ponde vós,* | mettez. |
| *Ponham elles,* | qu'il mettent. |

SUBJONCTIF

*Présent.*

| | |
|---|---|
| *Que eu ponha,* | que je mette. |
| *Que tu ponhas,* | que tu mettes. |
| *Que elle ponha,* | qu'il mette. |
| *Que nós ponhamos,* | que nous mettions. |
| *Que vós ponhais,* | que vous mettiez. |
| *Que elles ponham,* | qu'ils mettent. |

*Imparfait.*

| | |
|---|---|
| *Que eu puzesse,* | que je misse. |
| *Que tu puzesses,* | que tu misses. |
| *Que elle puzesse,* | qu'il mît. |
| *Que nós puzessemos,* | que nous missions. |
| *Que vós puzesseis,* | que vous missiez. |
| *Que elles puzessem,* | qu'ils missent. |

*Futur.*

| | |
|---|---|
| *Se eu puzer,* | si je mets. |
| *Se tu puzeres,* | si tu mets. |
| *Se elle puzer,* | s'il met. |
| *Se nós puzermos,* | si nous mettons. |
| *Se vós puzerdes,* | si vous mettez. |
| *Se elles puzérem,* | s'il mettent. |

*Autre futur.*

| | |
|---|---|
| *Quando eu puzer,* | quand je mettrai. |
| *Quando tu puzeres,* | quand tu mettras. |
| *Quando elle puzer,* | quand il mettra. |
| *Quando nós puzermos,* | quand nous mettrons. |
| *Quando vós puzerdes,* | quand vous mettrez. |
| *Quando elles puzérem,* | quand ils mettront. |

### *Participe présent.*

| | |
|---|---|
| *Pondo,* | mettant. |

### *Participe passé.*

| | |
|---|---|
| *Posto,* | mis. |
| *Posta,* | mise. |
| *Postos,* | mis. |
| *Postas,* | mises. |

Tous les verbes qui ont la terminaison en *or* sont composés du verbe *pôr* et doivent être conjugués comme lui, avec la seule différence qu'à l'infinitif ils ne prennent pas d'accent circonflexe.

## XLII.

### VOCABULAIRE.

| | | | |
|---|---|---|---|
| *Propriedade,* | propriété. | *Indignamente,* | indignement. |
| *Ultrajar,* | outrager. | *Razão,* | raison. |
| *Igreja,* | église. | *Paz,* | paix. |
| *Aonde,* | où. | *Inimigo,* | ennemi. |
| *Passear,* | promener. | *Dispor,* | disposer. |
| *Embaixada,* | ambassade. | *Acceitar,* | accepter. |
| *Hespanha,* | Espagne. | *Suppor,* | supposer. |
| *Mercado,* | marché. | *Oppor,* | opposer. |
| *Propor,* | proposer. | *Obstaculo,* | obstacle. |
| *Compor,* | composer. | *Expor,* | exposer. |

Fui hontem á igreja, mas não te vi. — Aonde vás? — Vou passear. — Venho da embaixada d'Hespanha. — Foste ao mercado? — Propuzeram a paz. — O inimigo dispõe-se a acceitar. — Supponho que não. — Oppuzeram muitos obstaculos. — Compuz a musica. — Expuzemos as nossas razões. — Vieram ultrajar-me indignamente. — Foi ver as suas propriedades.

## XLIII.

### VOCABULAIRE.

| | | | |
|---|---|---|---|
| Chercher, | *buscar.* | Habiller, | *vestir.* |
| Papier, | *papel.* | Fête, | *cabeça.* |
| Prendre, | *tomar.* | Prix, | *prémio.* |
| Bain, | *banho.* | Séparation, | *separação.* |
| Ici, | *cá.* | | |

Ils sont venus me chercher pour aller au théâtre. — Est-il fou? — Je le suppose. — Je mets en ordre mes papiers. — Ils allèrent prendre un bain. — Venez ici. — Je vais m'habiller. — Sa tête fut mise à prix. — Ils se sont exposés au froid.

Nous avons à ajouter à ces verbes irréguliers un petit groupe de verbes de la troisième conjugaison qui ne sont pas à vrai dire complétement irréguliers, mais qui présentent néanmoins quelques irrégularités d'orthographe. Ces verbes, dont l'infinitif se termine en *dir* et *vir*, changent le *d* ou le *v* en *ç*, pour former la première personne du présent de l'indicatif, ainsi que pour former toutes les personnes du présent du subjonctif. Les personnes de l'impératif qui dérivent du subjonctif subissent le même changement.

## XLIV.

### VOCABULAIRE.

| | | | |
|---|---|---|---|
| *Ouvir,* | entendre. | *Pedir,* | demander. |
| *Entender,* | comprendre. | *Criado,* | domestique. |
| *Medir,* | mesurer. | *Mentiroso,* | menteur. |
| *Azeite,* | huile. | *Prometter,* | promettre. |
| *Medida,* | mesure. | *Inquilino,* | locataire. |

Ouço mas não entendo. — Meça o azeite e veja se dá a mesma medida que hontem á noite. — Peça o que lhe devem. — Faça o que quizer, eu não o impeço. — Ouça o que lhe digo. — Despeço o meu criado, porque é muito mentiroso. — Não lhe peça nada, elle é que nos deve dar o que nos prometteu. — Sabe o que elle quer? Que eu despeça os meus inquilinos.

## XLV.

VOCABULAIRE.

| | | | |
|---|---|---|---|
| Permission, | *licença.* | Marchandises, | *mercadorias.* |
| Employé, | *empregado.* | Magasin, | *armazem.* |
| Fournir, | *fornecer.* | Besoin, | *necessidade.* |
| Écouter, | *ouvir.* | | |

Ecoutez, je ne vous ai pas tout dit. — Demandez la permission pour entrer. — Ils veulent que je congédie mes employés, mais je ne veux pas. — Vous voulez que je mesure toutes ces marchandises-là, mais je n'ai pas le temps. — Mesurez-les vous-même. — Ne lui demandez rien, envoyez-le à mon magasin, je lui fournirai tout ce dont il a besoin.

## VERBES QUI ONT UN PARTICIPE PASSÉ RÉGULIER ET UN AUTRE IRRÉGULIER.

### Première conjugaison.

| INFINITIF. | | PARTICIPE PASSÉ. Régulier. | Irrégulier. |
|---|---|---|---|
| *Acceitar,* | accepter, | *acceitado,* | *acceito.* |
| *Annexar,* | annexer, | *annexado,* | *annexo.* |
| *Captivar,* | captiver, | *captivado,* | *captivo.* |
| *Cegar,* | aveugler, | *cegado,* | *cego.* |
| *Completar,* | compléter. | *completado,* | *completo.* |
| *Condensar,* | condenser, | *condensado,* | *condenso.* |

| INFINITIF. | | PARTICIPE PASSÉ. Régulier. | Irrégulier. |
|---|---|---|---|
| *Cultivar*, | cultiver, | *cultivado*, | *culto*. |
| *Descalçar*, | déchausser, | *descalçado*, | *descalço*. |
| *Despertar*, | réveiller, | *despertado*, | *desperto*. |
| *Dispersar*, | disperser, | *dispersado*, | *disperso*. |
| *Entregar*, | remettre, | *entregado*, | *entregue*. |
| *Enxugar*, | sécher, | *enxugado*, | *enxuto*. |
| *Expressar*, | exprimer, | *expressado*, | *expresso*. |
| *Expulsar*, | expulser, | *expulsado*, | *expulso*. |
| *Fartar*, | rassasier, | *fartado*, | *farto*. |
| *Fixar*, | fixer, | *fixado*, | *fixo*. |
| *Ganhar*, | gagner, | *ganhado*, | *ganho*. |
| *Gastar*, | dépenser, | *gastado*, | *gasto*. |
| *Infectar*, | infecter, | *infectado*, | *infecto*. |
| *Infestar*, | infester, | *infestado*, | *infesto*. |
| *Inquietar*, | inquiéter, | *inquiétado*, | *inquieto*. |
| *Isentar*, | exempter, | *isentado*, | *isento*. |
| *Juntar*, | joindre, | *juntado*, | *junto*. |
| *Livrar*, | délivrer, | *livrado*, | *livre*. |
| *Limpar*, | nettoyer, | *limpado*, | *limpo*. |
| *Manifestar*, | manifester, | *manifestado*, | *manifesto*. |
| *Matar*, | tuer, | *matado*, | *morto*. |
| *Murchar*, | faner, | *murchado*, | *murcho*. |
| *Occultar*, | cacher, | *occultado*, | *occulto*. |
| *Pagar*, | payer, | *pagado*, | *pago*. |
| *Professar*, | professer, | *professado*, | *professo*. |
| *Salvar*, | sauver, | *salvado*, | *salvo*. |
| *Seccar*, | sécher, | *seccado*, | *secco*. |
| *Segurar*, | assurer, | *segurado*, | *seguro*. |
| *Sepultar*, | ensevelir, | *sepultado*, | *sepulto*. |
| *Situar*, | situer, | *situado*, | *sito*. |
| *Soltar*, | délier, | *soltado*, | *solto*. |
| *Sujeitar*, | assujettir, | *sujeitado*, | *sujeito*. |
| *Suspeitar*, | soupçonner, | *suspeitado*, | *suspeito*. |

## Deuxième conjugaison.

| | | | |
|---|---|---|---|
| *Accender*, | allumer, | *accendido*, | *acceso*. |
| *Convencer*, | convaincre, | *convencido*, | *convicto*. |

| INFINITIF. | | PARTICIPE PASSÉ. Régulier. | Irrégulier. |
|---|---|---|---|
| *Corromper*, | corrompre, | *corrompido*, | *corrupto*. |
| *Defender*, | défendre, | *defendido*, | *defeso*. |
| *Eleger*, | élire, | *elegido*, | *eleito*. |
| *Encher*, | remplir, | *enchido*, | *cheio*. |
| *Envolver*, | envelopper, | *envolvido*, | *envolto*. |
| *Escrever*, | écrire, | *escrevido*, | *escripto*. |
| *Incorrer*, | encourir, | *incorrido*, | *incurso*. |
| *Morrer*, | mourir, | *morrido*, | *morto*. |
| *Nascer*, | naître, | *nascido*, | *nato*. |
| *Perverter*, | pervertir, | *pervertido*, | *perverso*. |
| *Prender*, | arrêter, | *prendido*, | *preso*. |
| *Propender*, | avoir du penchant, | *propendido*, | *propenso*. |
| *Romper*, | rompre, | *rompido*, | *roto*. |
| *Suspender*, | suspendre, | *suspendido*, | *suspenso*. |
| *Torcer*, | tordre, | *torcido*, | *torto*. |

## Troisième conjugaison.

| | | | |
|---|---|---|---|
| *Abrir*, | ouvrir, | *abrido*, | *aberto*. |
| *Affligir*, | affliger, | *affligido*, | *afflicto*. |
| *Cobrir*, | couvrir, | *cobrido*, | *coberto*. |
| *Confundir*, | confondre, | *confundido*, | *confuso*. |
| *Corrigir*, | corriger, | *corrigido*, | *correcto*. |
| *Distinguir*, | distinguer, | *distinguido*, | *distincto*. |
| *Erigir*, | ériger, | *erigido*, | *erecto*. |
| *Exhaurir*, | épuiser, | *exhaurido*, | *exhausto*. |
| *Expellir*, | expulser, | *expellido*, | *expulso*. |
| *Exprimir*, | exprimer, | *exprimido*, | *expresso*. |
| *Extinguir*, | éteindre, | *extinguido*, | *extincto*. |
| *Frigir*, | frire, | *frigido*, | *frito*. |
| *Imprimir*, | imprimer | *imprimido*, | *impresso*. |
| *Incluir*, | inclure, | *incluido*, | *incluso*. |
| *Inserir*, | insérer, | *inserido*, | *inserto*. |
| *Omittir*, | omettre, | *omittido*, | *omisso*. |
| *Opprimir*, | opprimer, | *opprimido*, | *oppresso*. |
| *Submergir*, | submerger, | *submergido*, | *submerso*. |
| *Tingir*, | teindre, | *tingido*, | *tinto*. |

## XLVI.

### VOCABULAIRE.

| | | | |
|---|---|---|---|
| *Proposta*, | proposition. | *Tornar a dormir*, | rendormir. |
| *Ficar*, | rester. | *Parte*, | partie. |
| *Judeu*, | juif. | *Mundo*, | monde. |
| *Obras*, | œuvres. | *Hoje*, | aujourd'hui. |
| *Paiz*, | pays. | *Noite*, | soir. |
| *Ordem*, | ordre. | *Manhã*, | matin. |
| *Accordar*, | réveiller. | *Roupa*, | linge. |
| *Opinião*, | opinion. | *Ignominiosa-mente*, | ignominieuse-ment. |
| *Muitotempo*, | longtemps. | | |
| *Ás vezes*, | quelquefois. | | |

A minha proposta foi acceita. — Ficaram captivos. — Estão cegos. — As obras completas de..... — Estamos n'um paíz culto. — As ordens dos irmãos descalços. — Quando me accordam fico desperto por muito tempo, e ás vezesnão posso tornar a dormir. — Os judeus foram disperses pelas quatro partes do mundo. — As cartas que me deu hontem a noite foram entregues hoje pela manhã. — A roupa está enxuta. — As suas opiniões estão expressas n'aquelle livro. — Foram expulsos ignominiosamente.

## XLVII.

### VOCABULAIRE.

| | | | |
|---|---|---|---|
| *Nunca*, | jamais. | *Ladrão*, | voleur. |
| *Levantar-se*, | se lever. | *Noticias*, | nouvelles. |
| *Fazenda*, | marchandise. | *Conselho*, | conseil. |
| *Vender*, | vendre. | *Revisão*, | révision. |

| | | | |
|---|---|---|---|
| *Preço,* | prix. | *Declarar,* | juger. |
| *Fugir,* | fruit. | *Doente,* | malade. |
| *Logar,* | lieu. | *Pedir,* | demander. |
| *Floresta,* | fôrêt. | *Perigo,* | danger. |
| *Tornar-se,* | être devenu. | *Candieiro,* | lampe. |

Nunca me levanto da mesa farto. — Todas as fazendas d'aquella loja vendem-se a preço fixo. — Todo o dinheiro que elle tinha está gasto. — Todo esse dinheiro foi ganho por elle. — É preciso fugir d'estes logares infectos. — Aquella floresta tornou-se um logar infesto de ladrões. — Estou inquieto porque não tenho recebido noticias da minha prima Annette. — Estou isento de ser soldado porque o conselho de revisão declarou-me doente. — Junto a esta carta vai o livro que me pediu. — Estão livres de perigo. — Os candieiros estão todos limpos.

## XLVIII.

### VOCABULAIRE.

| | | | |
|---|---|---|---|
| *Campo,* | champ. | *Ainda agora,* | tout à l'heure. |
| *Detraz,* | derrière. | *Rua,* | rue. |
| *Generosamente,* | généreusement. | *Agora,* | à présent. |
| *Alli,* | là. | *Tudo,* | tout. |
| *Vida,* | vie. | *Cortar,* | couper. |
| *Instavel,* | instable. | *Corda,* | corde. |
| *Morte,* | mort. | *Complicidade,* | complicité. |
| *Alto,* | haut. | *Comettido,* | commis. |
| *Montanha,* | montagne. | *Semana,* | semaine. |
| *Perigo,* | danger. | | |

Foi morto no campo de batalha. — Aquellas flores estão murchas. — O homem estava occulto detraz da cortina. — Os advogados foram pagos generosamente. — Estamos salvos de todo o perigo. — Choveu muito ainda agora mas as ruas agora estão seccas. — Tudo n'esta vida é instavel, só a morte é segura. — A casa sita no alto da montanha. — Cortaram-lhes as cordas e ficaram soltos. — Ficaram sujeitos ás suas ordens. — Aquelles homens são suspeitos de complicidade no crime commettido a semana passada.

## XLIX.

### VOCABULAIRE.

| | | | |
|---|---|---|---|
| *Lume*, | feu | *Circulo*, | arrondissement. |
| *Decimo sexto*, | seizième. | *Passar*, | passer. |
| *Seculo*, | siècle. | *Aqui*, | ici. |
| *Sanguinario*, | sanguinaire. | *Montanha*, | montagne. |
| *Forte*, | fort. | *Nevoeiro*, | brouillard. |
| *Direito*, | droit. | *Distinguir*, | apercevoir. |
| *Honra*, | honneur. | *Crime*, | crime. |
| *Appresentar*, | présenter. | *Pena*, | peine. |
| *Deputado*, | député. | *Morte*, | mort. |
| *Ideia*, | idée. | *Fanatico*, | fanatique. |
| *Catholico*, | catholique. | | |

O lume está acceso ha mais de duas horas. — São todos catholicos convictos. — O décimo sexto século foi um século corrupto e sanguinario. — Consideram-se fortes e defesos com o seu direito. — Tenho a honra de lhe appresentar o deputado eleito pelo nosso circulo. — O copo está cheio de vinho. — Hontem quando passei por aqui não vi aquella montanha; envolta como estava pelo nevoeiro, não a pude distinguir. — Este papel foi escripto por mim. — Está incurso na pena que corresponde ao crime de morte. — Estava morto quando eu cheguei. — Considero a doutrina das ideias natas como verdadeira. — As suas ideias são corruptas e perversas. — Foi preso por ordem do Ministro da Guerra. — Todos os fanaticos teem o coração propenso para a maldade.

## L.

### VOCABULAIRE.

| | | | |
|---|---|---|---|
| *Calças*, | pantalons. | *Esplendido*, | splendide. |
| *Joelho*, | genou. | *Maravilha*, | merveille. |
| *Provavèlmente*, | probablement. | *Antiguidade*, | antiquité. |
| *Cahir*, | tomber. | *Viajante*, | voyageur. |
| *Encontrar*, | trouver. | *Entve*, | parmi. |
| *Selvagem*, | sauvage. | *Africa*, | Afrique. |
| *População*, | population. | *Inteiro*, | entier. |
| *Pescoço*, | cou. | | |

A quelle homem tem as calças rotas no joelho, provavelmente cahiu. — Os jardins suspensos de Babylonia foram uma das mais esplendidas maravilhas da antiguidade. — Conheci um viajante que disse que tinha encontrado, entre os selvagens d'Africa, uma população inteira com o pescoço torto.

## LI.

### VOCABULAIRE.

| | | | |
|---|---|---|---|
| *Lisboa*, | Lisbonne. | *Edição*, | édition. |
| *Domingo*, | dimanche. | *Mostrar*, | montrer. |
| *Loja*, | magasin. | *Sabio*, | savant. |
| *Chorar*, | pleurer. | *Alto*, | haut. |
| *Telhado*, | toiture. | *Monte*, | mont. |
| *Neve*, | neige. | *Força*, | force. |

Em Lisboa, aos domingos, nenhuma loja está aberta. — Aquella pobre mulher está a chorar porque está muito afflicta. — Os telhados estão todos cobertos de neve. — Estou confuso, nem sei o que faço. — A segunda edição das obras que lhe mostrei hontem foram correctas por um sabio muito distincto. — A igreja de Santa Catharina está erecta no alto do monte Sinai. — Estou exhausto de forças, não posso trabalhar mais.

## LII.

### VOCABULAIRE.

| | | | |
|---|---|---|---|
| *Filho,* | fils. | *Competente,* | compétent. |
| *Collegio,* | collége. | *Considerar,* | considérer. |
| *Preguiçoso,* | paresseux. | *Fogo,* | feu. |
| *Vontade,* | volonté. | *Completamente,* | complétement. |
| *Testamento,* | testament. | *Gostar,* | aimer. |
| *Autoridade,* | autorité. | *Cosido,* | cuit. |
| *Annuncio,* | annonce. | *Letra de cambio,* | lettre de change. |
| *Jornal,* | journal. | *Memoria,* | mémoire. |
| *Capital,* | capitale. | *Governo,* | gouvernement. |
| *Relação,* | rapport. | *Cabo,* | câble. |
| *Facto,* | fait. | *Companhia,* | compagnie. |
| *Chale,* | châle. | *Tintureiro,* | teinturier. |

Os meus filhos foram expulsos do collegio em que estavam, por serem muito preguiçosos. — A vontade de seu pai está expressa no testamento que foi lido deante das autoridades competentes. — Eram quatro horas quando se considerou que o fogo estava completamente extincto. — Gosto mais de peixe fricto, que cosido. — Este livro é impresso em Paris. — N'esta carta vai inclusa a letra de cambio que lhe prometti. — Os annuncios foram insertos em quatro jornaes da capital. — A relação d'aquelles factos foi omissa na memoria que dirigiu ao governo. — Vivem oppressos. — O cabo foi submerso pelo melhor vapor da companhia. — Este chale foi tincto no seu tintureiro.

# VERBES PRONOMINAUX.

## *QUEIXAR-SE.* — SE PLAINDRE.

### INDICATIF

### *Présent.*

| | |
|---|---|
| *Eu me queixo,* | je me plains. |
| *Tu te queixas,* | tu te plains. |
| *Elle se queixa,* | il se plaint. |
| *Nós nos queixamos,* | nous nous plaignons. |
| *Vós vos queixais,* | vous vous plaignez. |
| *Elles se queixam,* | ils se plaignent. |

### *Imparfait.*

| | |
|---|---|
| *Eu me queixava,* | je me plaignais. |
| *Tu te queixavas,* | tu te plaignais. |
| *Elle se queixava,* | il se plaignait. |
| *Nós nos queixavamos,* | nous nous plaignions. |
| *Vós vos queixaveis,* | vous vous plaigniez. |
| *Elles se queixavam,* | ils se plaignaient. |

### *Prétérit défini.*

| | |
|---|---|
| *Eu me queixei,* | je me plaignis. |
| *Tu te queixaste,* | tu te plaignis. |
| *Elle se queixou,* | il se plaignit. |
| *Nós nos queixámos,* | nous nous plaignîmes. |
| *Vós vos queixastes,* | vous vous plaignîtes. |
| *Elles se queixaram,* | ils se plaignirent. |

### *Plus-que-parfait.*

| | |
|---|---|
| *Eu me queixára,* | je m'étais plaint. |
| *Tu te queixáras,* | tu t'étais plaint. |
| *Elle se queixára,* | il s'était plaint. |
| *Nós nos queixáramos,* | nous nous étions plaints. |
| *Vós vos queixareis,* | vous vous étiez plaints. |
| *Elles se queixaram,* | ils s'étaient plaints. |

### *Futur.*

| | |
|---|---|
| *Eu me queixarei,* | je me plaindrai. |
| *Tu te queixarás,* | tu te plaindras. |
| *Elle se queixará,* | il se plaindra. |
| *Nós nos queixaremos,* | nous nous plaindrons. |
| *Vós vos queixareis,* | vous vous plaindrez. |
| *Elles se queixarão,* | ils se plaindront. |

## CONDITIONNEL

### *Présent.*

| | |
|---|---|
| *Eu me queixaria,* | je me plaindrais. |
| *Tu te queixarias,* | tu te plaindrais. |
| *Elle se queixaria,* | il se plaindrait. |
| *Nós nos queixariamos,* | nous nous plaindrions. |
| *Vós vos queixarieis,* | vous vous plaindriez. |
| *Elles se queixariam,* | ils se plaindraient. |

## IMPÉRATIF

| | |
|---|---|
| *Queixa-te tu,* | plains-toi. |
| *Queixe-se elle,* | qu'il se plaigne. |
| *Queixemo*[1]*-nos nós,* | plaignons-nous. |
| *Queixai-vos vós,* | plaignez-vous. |
| *Queixem-se elles,* | qu'ils se plaignent. |

## SUBJONCTIF

### *Présent.*

| | |
|---|---|
| *Que eu me queixe,* | que je me plaigne. |
| *Que tu te queixes,* | que tu te plaignes. |
| *Que elle se queixe,* | qu'il se plaigne. |
| *Que nós nos queixemos,* | que nous nous plaignions. |
| *Que vós vos queixeis,* | que vous vous plaigniez. |
| *Que elles se queixem,* | qu'ils se plaignent. |

---

[1] L'*s* final du verbe est supprimé, par euphonie.

### *Imparfait.*

| | |
|---|---|
| *Que eu me queixasse,* | que je me plaignisse. |
| *Que tu te queixasses,* | que tu te plaignisses. |
| *Que elle se queixasse,* | qu'il se plaignît. |
| *Que nós nos queixassemos,* | que nous nous plaignissions |
| *Que vós vos queixasseis,* | que vous vous plaignissiez. |
| *Que elles se queixassem,* | qu'ils se plaignissent. |

### *Autre imparfait.*

| | |
|---|---|
| *Se eu me queixasse,* | si je me plaignais. |
| *Se tu te queixasses,* | si tu te plaignais. |
| *Se elle se queixasse,* | s'il se plaignait. |
| *Se nós nos queixassemos,* | si nous nous plaignions. |
| *Se vós vos queixasseis,* | si vous vous plaigniez. |
| *Se elles se queixassem,* | s'ils se plaignaient. |

### *Futur.*

| | |
|---|---|
| *Se eu me queixar,* | si je me plains. |
| *Se tu te queixares,* | si tu te plains. |
| *Se elle se queixar,* | s'il se plaint. |
| *Se nós nos queixarmos,* | si nous nous plaignons. |
| *Se vós vos queixardes,* | si vous vous plaignez. |
| *Se elles se queixarem,* | s'ils se plaignent. |

### *Autre futur.*

| | |
|---|---|
| *Quando eu me queixar,* | quand je me plaindrai. |
| *Quando tu te queixares,* | quand tu te plaindras. |
| *Quando elle se queixar,* | quand il se plaindra. |
| *Quando nós nos queixarmos,* | quand nous nous plaindrons. |
| *Quando vós vos queixardes,* | quand vous vous plaindrez. |
| *Quando elles se queixarem,* | quand ils se plaindront. |

Comme on vient de voir, les pronoms employés dans la conjugaison des verbes pronominaux sont *me*, *te*, *se*, *nos*, *vos*, *se*.

A l'*impératif* le pronom régime doit toujours se placer après le verbe.

Quand on supprime le pronom sujet, le pronom régime doit être placé après le verbe dans les temps simples et après l'auxiliaire dans les temps composés.

Dans les verbes pronominaux conjugués négativement le pronom régime doit toujours précéder le verbe, et on doit mettre la négation avant le pronom régime.

Si l'on conjugue interrogativement on doit placer les deux pronoms après le verbe dans les temps simples, et après l'auxiliaire dans les temps composés. Dans ces cas le pronom régime doit toujours précéder le pronom sujet.

Quand le verbe pronominal est conjugué négativement et interrogativement, pour les temps simples on met d'abord la négation, après le pronom régime, après le verbe, et le sujet le dernier. Dans les temps composés on suit le même ordre avec la seule différence qu'on place l'auxiliaire entre les deux pronoms et le verbe après le pronom sujet[1].

## LIII.

### VOCABULAIRE.

| | | | |
|---|---|---|---|
| *Divertir-se,* | s'amuser. | *Lavar-se,* | se laver. |
| *Affastar-se,* | s'éloigner. | *Sabão,* | savon. |
| *Pentear-se,* | se peigner. | *Despir-se,* | se déshabiller. |
| *Vestir-se,* | s'habiller. | *Depois,* | après. |
| *Approximar-se,* | s'approcher. | *Cansar-se,* | se fatiguer. |
| *Queimar-se,* | se brûler. | *Bibliotheca,* | bibliothèque. |
| *Levantar-se,* | se lever. | *Genio,* | caractère. |

[1] Ces règles ne sont pas absolues. Quelquefois on met le pronom sujet avant la négation.

Divertimo-nos muito. — Affasta-te. — Porque te não penteaste? — Ainda se não vestiram. — Approximei-me o mais possivel. — Não te approximaste? — Lava-te com sabão. — Despiram-se e vestiram-se depois. — O Sñr não se lavou? — Queimaram-se. — Levanta-te. — Levantaste-te? — Não te levantaste? — Approxima-te do lume. — Dispa-se no meu quarto. — O Sñr vestiu-se no meu quarto ou no seu? — Vesti-me no meu. — Divertiste-te ou não? — Não me diverti nada. — Porque te não divertiste? — Porque me cansei muito. — Queixo-me do seu génio. — A bibliotheca queimou-se. — Lavaram-se. — Não se canse.

## LIV.

### VOCABULAIRE.

| | | | |
|---|---|---|---|
| Se tromper, | *enganar-se.* | S'ennuyer, | *aborrecer-se.* |
| Se couper, | *cortar-se.* | Déjà, | *já.* |
| Se raser, | *barbear-se.* | | |

Ils se sont trompés. — Je me suis coupé. — Voulez-vous vous habiller? — Nous nous sommes fatigués. — Je me suis ennuyé. — Vous êtes-vous trompé? — Ne vous lavez-vous pas? — Je me suis déjà lavé. — Ils se sont rasés.

## VERBES UNIPERSONNELS.

Parmi ces verbes, les uns ne peuvent s'employer qu'à la troisième personne du singulier, d'autres peuvent s'employer au singulier et au pluriel à la troisième personne.

**Les verbes suivants ne s'emploient qu'à la troisième personne du singulier :**

| | | | |
|---|---|---|---|
| *Amanhecer*, | commencer à faire jour. | *Gelar*, | geler. |
| *Anoitecer*, | commencer à faire nuit. | *Nevar*, | neiger. |
| *Chover*, | pleuvoir. | *Trovejar*, | tonner |
| *Choviscar*, | bruiner. | *Ventar*, | venter. |

## LV.

### VOCABULAIRE.

| | | | |
|---|---|---|---|
| *Chegar*, | arriver. | *Desembarcar*, | débarquer. |
| *Oriente*, | orient. | *Tanque*, | bassin. |
| *Occidente*, | occident. | *Ante-hontem*, | avant-hier. |
| *Cedo*, | de bonne heure. | *Valle*, | vallée. |
| *Durante*, | pendant. | *Ir-se embora*, | s'en aller. |

**Amanhecia quando eu cheguei a sua casa. — No occidente anoitece mais cedo do que no oriente. — Chovia quando desembarcámos. — Choviscava. — A agua dos tanques gelou ante-hontem. — Em Portugal nunca neva nos valles. — Trovejou durante duas horas. — Quando amanhecer vou-me embora.**

## LVI.

### VOCABULAIRE.

| | | | |
|---|---|---|---|
| Contrarier, | *contrariar.* | Récolte, | *colheita.* |
| Nuit, | *noite.* | Perdue, | *perdida.* |
| Coucher, | *deitar-se.* | Rester, | *ficar.* |

**Il pleut, ça me contrarie. — Il commençait à faire nuit quand nous sommes allés nous coucher. — S'il neige, la récolte est perdue. — Quand il tonne, il a peur. — S'il pleut, je reste chez moi.**

## Règles pour l'application des verbes.

L'accord du verbe avec son sujet suit les mêmes règles qu'en français.

On retranche généralement les pronoms *eu*, *tu*, *elle*, *nós*, etc. devant les temps des verbes, mais on les met souvent après, dans l'affirmative, dans la négative et dans l'interrogative.

On doit préférer généralement, en portugais, les temps simples aux temps composés, lorsqu'il s'agit d'un fait accompli depuis un certain temps.

Après la conjonction *si*, l'imparfait de l'indicatif français suivi d'un *conditionnel* doit se traduire en portugais par l'imparfait du subjonctif, et le *conditionnel* par l'imparfait de l'indicatif.

### LVII.

#### VOCABULAIRE.

| | | | |
|---|---|---|---|
| *Buscar*, | chercher. | *Servir-se*, | se servir. |
| *Capa*, | manteau. | *Depois*, | après. |
| *Mercado*, | marché. | *Espinafres*, | épinards. |
| *Porque*, | parce que. | *Antes*, | avant. |
| *Desejar*, | désirer. | *Tanto tempo*, | si longtemps. |
| *Máo*, | méchant. | *Insistir*. | insister. |
| *Matar*, | tuer. | *Conseguir*, | obtenir. |

Mandei-o buscar a minha capa. — Não fui ao mercado porque estava a chover (*il pleuvait*). — Serve-te tu, eu me servirei depois. — Não comam os espinafres antes da carne. — Se eu fosse máo, matava aquelle homem. — Se insistisse conseguia o que desejo ha tanto tempo.

## LVIII.

### VOCABULAIRE.

| | | | |
|---|---|---|---|
| Écrire, | *escrever.* | Moyens, | *meios.* |
| Libraire, | *livreiro.* | Exposition, | *exposição.* |
| Se fatiguer, | *cansar-se,* | Aujourd'hui, | *hoje.* |
| Inutilement, | *inutilemente.* (*sem utilidade.*) | | |

**J'ai écrit hier à mon libraire et il ne m'a pas répondu. — Vous vous êtes fatigués inutilement. — Si j'avais des moyens, j'irais à Lisbonne. — Si mon oncle était arrivé hier, je l'aurais vu aujourd'hui. — Votre frère a-t-il été à l'Exposition ?**

## DU VERBE PASSIF

On conjugue un verbe passif en ajoutant à tous les temps simples et à tous les temps composés du verbe *ser* le participe passé d'un verbe actif. On a de la sorte le passif de ce verbe dans tous ses temps.

Le participe passé du verbe s'accorde avec le sujet en genre et en nombre, mais le participe passé du verbe *ser* reste invariable :

*Eu sou amado*, je suis aimé; *eu sou amada*, je suis aimée; *eu era amado*, j'étais aimé; *eu tinha sido amada*, j'avais été aimée; *eu serei amado*, je serai aimé, etc.

## AUGMENTATIFS ET DIMINUTIFS

En portugais on forme des augmentatifs et des diminutifs, en ajoutant à un nom, substantif ou adjectif, les terminaisons *ão* et *aço* pour former des augmentatifs et les terminaisons *ete*, *ito*, *ote* et *inho* pour former les diminutifs.

Il y a d'autres terminaisons qui servent à former des augmentatifs et des diminutifs, mais celles-ci sont les plus généralement usitées.

Quelquefois avant d'ajouter la terminaison augmentative ou diminutive, il faut modifier la terminaison primitive.

## LIX.

### VOCABULAIRE.

| | | | |
|---|---|---|---|
| *Tolo*, | sot. | *Unico*, | unique. |
| *Zombar*, | se moquer. | *Habitante*, | habitant. |
| *Conservar*, | garder. | *Rato*, | souris. |
| *Espada*, | épée. | *Rapaz*, | garçon. |
| *Reliquia*, | relique. | *Criado*, | domestique. |
| *Mestre*, | maître. | *Casa*, | maison. |
| *Jogador*, | joueur. | *Porta*, | porte. |
| *Amigo*, | ami. | *Rico*, | riche. |
| *Ganhar*, | gagner. | *Fortuna*, | fortune. |
| *Chocolate*, | chocolat. | | |

Aquelle toleirão (*aug. de* tolo) queria que eu lhe desse tudo o que tenho para depois zombar de mim, mas eu não quiz. — Que chapellão (*aug. de* chapéo) que o Sñr tem na cabeça! — O Sñr deve conservar esse espadão (*aug. de* espada) como uma grande reliquia. — N'aquelle casarão (*aug. de* casa) que alli vê julgo que os unicos habitantes são ratos. — Que rapagão (*aug. de* rapaz) que é o seu criado! — Que mestraço (*aug. de* mestre) que é aquelle jogador! — Isto não é uma porta, é um portão (*aug. de* porta)! — Quando passo por aqui aquelle amigalhaço (*aug. ironique de* amigo) vem sempre cumprimentar-me. — Aquelle ricaço (*aug. de* rico) ganhou a sua fortuna a fazer chocolate.

## LX.

### VOCABULAIRE.

| | | | |
|---|---|---|---|
| *Menino*, | enfant. | *Livro*, | livre. |
| *Bonito*, | joli. | *Cómmodo*, | commode. |
| *Cão*, | chien. | *Trazer*, | porter. |
| *Brincar*, | jouer. | *Algibeira*, | poche. |
| *Pessoa*, | personne. | *Gaveta*, | tiroir. |
| *Sahir*, | sortir. | *Lado*, | côté. |
| *Fidalgo*, | gentilhomme. | *Esquerdo*, | gauche. |
| *Provincia*, | province. | | |

**Este menino é muito bonitinho (*dim. de* bonito). — Não tenha medo, esses cãezinhos (*dim. de* cão) o que querem é brincar. — A pessoa que sahiu agora d'aqui é um fidalgote (*dim. de* fidalgo) da provincia. — Este livrinho (*dim. de* livro) é muito commodo, póde-se trazer na algibeira. — Procure o dinheiro na ultima gavetinha (*dim. de* gaveta) do lado esquerdo.**

## LXI.

### VOCABULAIRE.

| | | | |
|---|---|---|---|
| *Copo*, | verre. | *Caixa*, | boîte. |
| *Cognac*, | cognac. | *Atar*, | lier. |
| *Tomar*, | prendre. | *Fio*, | fil. |
| *Graça*, | plaisanterie. | *Retroz*, | soie torse. |
| *Annel*, | bague. | *Comprar*, | acheter. |
| *Pequeno*, | petit. | *Frasco*, | flacon. |
| *Creança*, | enfant. | *Colonia*, | Cologne. |

**Julgo que lhe fez mal o copito (*dim. de* copo) de cognac que tomou ainda agora. — Que gracinha (*dim. de***

graça) de annel. Tão pequenino (*dim. de* pequeno)! — A creança que tem uma caixinha (*dim. de* caixa) na mão é que é meu filho. — Ate com um fiosinho (*dim. de* fio) de retroz. — Quando sahir fará favor de me comprar dois frasquinhos (*dim. de* frasco) de agua de Colonia.

# COMPARATIFS ET SUPERLATIFS

## Comparatifs.

Il y a trois comparatifs, celui de supériorité, d'infériorité et d'égalité.

Le comparatif de supériorité se forme en plaçant l'adverbe *mais*, devant le positif. Le *que* français se rend aussi, en portugais, par *que* :

Aquella carruagem é mais cómmoda que bonita, *cette voiture est plus commode que jolie;* a sua casa de campo é mais elegante que sólida, *votre maison de campagne est plus élégante que solide.*

Le comparatif d'infériorité se forme en plaçant l'adverbe *menos*, moins, devant le positif, et comme dans le comparatif de supériorité, le *que* suivant se rend par *que* :

Menos rico que amavel, *moins riche qu'aimable;* este povo é menos industrial que commerciante, *ce peuple est moins industriel que commerçant.*

Le comparatif d'égalité se forme avec l'adverbe *tão*, si, aussi; mais il diffère des deux autres comparatifs, en ce que le *que* suivant se rend par *como* :

Tão nobre como rico, *aussi noble que riche;* a sua irmã é tão virtuosa como sua mãe, *votre sœur est aussi vertueuse que votre mère.*

**Lorsque la comparaison de supériorité ou d'infériorité se fait entre un adjectif, d'une part et un substantif ou un pronom de l'autre, le *que* français se traduit le plus souvent par *do que* :**

O Sñr é mais forte do que eu, *vous êtes plus fort que moi*; O Sñr é mais alto do que o seu irmão, *vous êtes plus grand que votre frère;* aquella arvore é mais alta do que a torre da igreja, *cet arbre est plus élevé que la tour de l'église.*

Si la comparaison est faite entre un adjectif et un verbe, le *que* français doit être rendu par *do que*, sans exception :

*É mais rico do que parece*, il est plus riche qu'il ne le paraît.

## LXII.

### VOCABULAIRE.

| | | | |
|---|---|---|---|
| *Bengala*, | canne. | *João*, | Jean. |
| *Eloquente*, | éloquent. | *Guloso*, | gourmand. |
| *Erudito*, | érudit. | *Alfredo*, | Alfred. |
| *Clima*, | climat. | *Flor*, | fleur. |
| *Russia*, | Russie. | *Pera*, | poire. |
| *Frio*, | froid. | *Saboroso*, | savoureux. |
| *Fraco*, | faible. | *Damasco*, | abricot. |
| *Actriz*, | actrice. | *Povo*, | peuple. |
| *Bella*, | belle. | *Suissa*, | Suisse. |
| *Amavel*, | aimable. | *Sobrio*, | sobre. |
| *Voz*, | voix. | *Italia*, | Italie. |
| *Emilia*, | Émilie. | *Escuro*, | foncé. |
| *Carlotta*, | Charlotte. | *Fita*, | ruban. |
| *Puro*, | pure. | *Fonte*, | fontaine. |

A sua bengala não é tão bonita como a tua. — O advogado que vimos ha pouco no tribunal é tão eloquente como erudito. — O clima da Russia é mais frio do que o da França. — É mais fraco do que eu pensava. — A quella actriz é menos bella que amavel. — A voz da

Emilia é mais bonita que a da Carlotta. — O João é mais guloso do que o Alfredo. — Gosto muito d'essa flor, mas não é tão bonita como aquella. — As peras são mais saborosas do que os damascos. — O povo da Suissa é mais sobrio que o da Italia. — Este vestido é menos escuro do que aquella fita. — A Suissa é mais montanhosa do que a Italia. — A agua da chuva é mais pura do que a agua da fonte.

## LXIII.

### VOCABULAIRE.

| | | | |
|---|---|---|---|
| Lourd, | *pesado.* | Patient, | *paciente.* |
| Pierre, | *pedra.* | Anglais, | *inglez.* |
| Bois, | *madeira.* | Tissu, | *tecido.* |
| Voix, | *voz.* | Paille, | *fraco.* |
| Éclatant, | *brilhante.* | Pont, | *ponte.* |
| Fruit, | *fruto.* | Détruit, | *destruido.* |
| Mûr, | *maduro.* | Dernière, | *passado.* |
| Français, | *françez.* | | |

La pierre est plus lourde que le bois. — Sa voix est plus éclatante que la vôtre. — Ces fruits sont plus mûrs que ceux-là. — Elle n'est pas aussi belle que vous. — Les soldats français sont moins patients que les soldats anglais. — Je pense que ce tissu est plus faible que celui-là. — Ce pont est plus solide que celui qui a été détruit l'année dernière.

## Superlatifs.

Le *superlatif relatif* se forme comme en français, en plaçant l'article défini devant le comparatif :

A mais generosa das recompensas, *la plus généreuse des récompenses;* o mais perfeito dos homens, *le plus parfait des hommes.*

Le *superlatif absolu* se forme en ajoutant au positif la terminaison *issimo* pour le masculin et *issima* pour le féminin.

Si l'adjectif est terminé par une voyelle, on change la voyelle en *issimo* pour former le superlatif :

*Triste*, *tristissimo*, très-triste; *prudente*, *prudentissimo*, très-prudent.

Les adjectifs terminés en *vel* changent cette terminaison en *bilissimo* :

*Amavel*, *amabilissimo*, très-aimable; *agradavel*, *agradabilissimo*, très-agréable.

Ceux qui sont terminés en *m* changent le *m* en *nissimo* :

*Bom*, *bonissimo*, très-bon.

Ceux qui sont terminés en *z* changent le *z* en *cissimo* :

*Fugaz*, *fugacissimo*, très-fugace.

Ceux qui sont terminés en *co* changent le *co* en *quissimo* :

*Fraco*, *fraquissimo*, très faible; *velhaco*, *velhaquissimo*, très-coquin.

## LXIV.

### VOCABULAIRE.

| | | | |
|---|---|---|---|
| *Terreno*, | terrain. | *Duro*, | dur. |
| *Fertil*, | fertile. | *Soberbo*, | orgueilleux. |
| *Considerar*, | considérer. | *Fino*, | fine. |
| *Amavel*, | aimable. | *Cadeia*, | chaîne. |
| *Valente*, | vaillant. | *Sobrinho*, | neveu. |
| *General*, | général. | *Intelligente*, | intelligent. |
| *Valle*, | vallée. | *Amparo*, | soutien. |
| *Abundante*, | abondant. | *Longo*, | long. |
| *Interessante*, | intéressant. | *Caminho*, | chemin. |
| *Joia*, | bijou. | *Curto*, | court. |
| *Lindo*, | beau. | *Animal*, | animal. |

Este terreno é fertilissimo. — Considero-o o mais amavel dos homens. — O mais valente dos generaes. — Todo aquelle valle é abundantissimo d'agua. — Este livro é interessantissimo. — Todas essas joias são lindissimas, mas esta é a mais bonita de todas. — Esta madeira é durissima, mas aquella é mais difficil de trabalhar. — É soberbissimo aquelle homem. — Meu irmão tem uma finissima cadeia d'oiro. — Os meus sobrinhos são intelligentissimos. — Fraquissimo amparo aquelle ! — Não vá por ahi que é longuissimo, o caminho mais curto é este. — Esse animal é velhaquissimo.

Les adjectifs suivants forment leurs comparatifs et leurs superlatifs irrégulièrement :

| | | | | | |
|---|---|---|---|---|---|
| *Bom*, | bon; | *melhor*, | meilleur; | *optimo*, | très-bon. |
| *Mao*, | mauvais; | *peor*, | pire; | *péssimo*, | très-mauvais. |
| *Grande*, | grand; | *maior*, | plus grand; | *maximo*, | très-grand. |
| *Pequeno*, | petit; | *menor*, | moindre; | *minimo*, | très-petit. |

Il y en a d'autres qui ont seulement le superlatif irrégulier :

| | | |
|---|---|---|
| *Amigo*, | *amicissimo*, | très-ami. |
| *Antigo*, | *antiquissimo*, | très-ancien. |
| *Celèbre*, | *celeberrimo*. | très-célèbre. |
| *Christão*, | *christianissimo*, | très-chrétien. |
| *Difficil*, | *difficillimo*, | très-difficile. |
| *Sabio*, | *sapientissimo*, | très-savant. |
| *Doce*, | *dulcissimo*, | très-doux. |
| *Facil*, | *facillimo*, | très-facile. |
| *Fiel*, | *fidelissimo*, | très-fidèle. |
| *Frio*, | *frigidissimo*, | très-froid. |
| *Nobre*, | *nobilissimo*, | très-noble. |
| *Sagrado*, | *sacratissimo*, | très-sacré. |
| *Salubre*, | *saluberrimo*, | très-salubre. |

## LXV.

### VOCABULAIRE.

| | | | |
|---|---|---|---|
| *Garantia*, | garantie. | *Uva*, | raisin. |
| *Honra*, | honneur. | *Sabor*, | saveur. |
| *Palavra*, | parole. | *Poço*, | puits. |
| *Temperatura*, | température. | *Comida*, | nourriture. |
| *Polo*, | pôle. | *Ruido*, | bruit. |
| *Grão*, | degré. | *Sobresaltar*, | troubler. |
| *Clima*, | climat. | *Humido*, | humide. |
| *Zero*, | zéro. | | |

A maior garantia que me póde dar é a da sua palavra de hônra. — A maxima temperatura que tivémos, emquanto estivémos no pólo norte, foi de quatro gráos acima de zero. — Os melhores vinhos são feitos com uma só qualidade de uva. — A agua do mar tem um sabor péssimo. — Acho peor ainda o sabor da agua de poço. — Esta comida é má, mas aquella é peor. — Quando estou a dormir o minimo ruido sobresalta-me. — Dizem (*on dit*) que o clima da ilha da Madeira é optimo, mas eu gosto mais de habitar em Nice porque é memos humido. — O seu systema produzio optimos resultados.

## LXVI.

### VOCABULAIRE.

| | | | |
|---|---|---|---|
| Sauter, | *Saltar*. | Colonne, | *columna*. |
| Arriver, | *Acontecer*. | Casser, | *quebrar*. |
| Jambe, | *perna*, | Fenêtre, | *janella*. |
| Burette, | *almotolia*. | Huile. | *azeite*. |

Les fruits de ce pays sont très mauvais. — Le papier

anglais est meilleur que le français. — L'huile qui est dans cette burette est plus mauvaise que celle que vous m'avez vendue. — En sautant de cette fenêtre le moindre mal qui pourrait lui arriver ce serait celui de se casser une jambe. — Cette colonne est plus grande que celle que nous avons vue l'autre jour.

## NOMS DE NOMBRES

### Nombres cardinaux.

Les nombres cardinaux sont :

| | | |
|---|---|---|
| 1, um. | 16, dezeseis. | 71, setenta e um. |
| 2, dois. | 17, dezesete. | 72, setenta e dois, etc. |
| 3, trez. | 18, dezoito. | 80, oitenta. |
| 4, quatro. | 19, dezenove. | 81, oitenta e um. |
| 5, cinco. | 20, vinte. | 82, oitenta e dois. |
| 6, seis. | 21, vinte e um. | 90, noventa. |
| 7, sete. | 22, vinte e dois, etc. | 91, noventa e um. |
| 8, oito. | 30, trinta. | 92, noventa e dois. |
| 9, nove. | 31, trinta e um. | 100, cem. |
| 10, dez. | 32, trinta e dois, etc. | 200, duzentos. |
| 11, onze. | 40, quarenta. | 300, trezentos. |
| 12, doze. | 41, quarenta e um, etc. | 400, quatrocentos. |
| 13, treze. | 50, cincoenta. | 500, quinhentos. |
| 14, quatorze. | 60, sessenta. | 600, seis centos. |
| 15, quinze. | 70, setenta. | 1000, mil. |

*Million*, milhão.

En portugais, ces adjectifs, à l'exception de *um* et *dois* qui ont les féminins *uma* et *duas*, sont invariables jusqu'à *cem*.

L'adjectif *cem*, cent, est lui-même invariable; mais

les centaines suivantes ont un féminin en *as* comme les autres adjectifs :

*Duzentos homens*, deux cents hommes; *duzentas mulheres*, deux cents femmes. *Trezentos homens*, trois cents hommes; *trezentas mulheres*, trois cents femmes.

Pour dire cent, chiffre rond, on emploie le mot *cem*; mais si le mot *cent* est accompagné d'un autre nombre il s'exprime par *cento*.

Remarquez que dans les nombres cardinaux on met la conjonction *e* entre les centaines et les dizaines, ainsi que entre les dizaines et les unités. Entre les mille et les centaines on met aussi la conjonction *e*, si les centaines ne sont pas suivies d'un autre nombre.

*Cetno e quarenta e dois*, cent quarante-deux ; *mil e duzentos*, mille deux cents ; *mil duzentos e quinze*, mille deux cent quinze.

Le mot *cento* est quelquefois pris substantivement : il signifie alors *une centaine* :

*Um cento de sardinhas*, une centaine de sardines. *Un cento de damascos*, une centaine d'abricots.

Pour dire un million de *reis*, monnaie de Portugal et du Brésil, on doit employer le mot *conto* :

*Trinta contos de reis*, trente millions de reis. *Um conto de reis*, un million de reis.

On compte les heures en portugais, comme en français par les cardinaux. On demande : *Que horas são ?* en mettant toujours le verbe au pluriel :

| | |
|---|---|
| Il est une heure. | *E uma hora.* |
| — une heure un quart. | *— uma hora e um quarto.* |
| — deux heures. | *São duas horas.* |

| | |
|---|---|
| Il est trois heures moins un quart. | *São trez horas menos um quarto.* |
| — cinq heures moins vingt minutes. | *São cinco horas menos vinte minutos.* |
| — six heures et demie. | *São seis horas e meia.* |
| — midi. | *Meio-dia.* |
| — minuit. | *Meia-noite.* |

Les portugais appellent *manhã* le temps compris depuis la pointe du jour jusqu'à midi; les premières heures du jour ils appellent *madrugada; a tarde*, l'après-midi ou le relevé; *a noite*, le soir et la nuit :

*Accordaram-me ás trez da madrugada*, on m'a réveillé à trois heures du matin. *Levanto-me sempre ás oito da manhã*, je me lève toujours à huit heures du matin. *A diligencia parte todos os dias ás quatro horas da tarde*, la diligence part tous les jours à quatre heures de l'après-midi. *O espectaculo acaba ás onze horas da noite*, le spectacle finit à onze heures du soir.

On ne dit pas en portugais être âgé de dix, quinze ans, etc., mais bien *ter dez annos de idade, quinze annos de idade*, etc.

Voici comment on met une date en portugais :

| | |
|---|---|
| Lisboa 20 de janeiro de 1876. | Lisbonne, le 20 janvier 1876. |
| Porto 4 de agosto de 1875. | Porto, le 4 août 1875. |

## LXVII.

### VOCABULAIRE.

| | | | |
|---|---|---|---|
| *Domingo*, | dimanche. | *Uma hora*, | une heure. |
| *Segunda-feira*, | lundi. | *Um minuto*, | une minute. |
| *Terça-feira*, | mardi. | *Um dia*, | un jour. |
| *Quarta-feira*, | mercredi. | *Uma semana*, | une semaine. |
| *Quinta-feira*, | jeudi. | *Um mez*, | un mois. |
| *Sexta-feira*, | vendredi. | *Um anno*, | un an. |
| *Sabbado*, | samedi. | *Um seculo*, | un siècle. |

| | | | |
|---|---|---|---|
| *Janeiro,* | janvier. | *Hontem,* | hier. |
| *Fevereiro,* | février. | *Antes d'hontem,* | avant-hier. |
| *Março,* | mars. | *Hoje,* | aujourd'hui. |
| *Abril,* | avril. | *Agora,* | à présent. |
| *Maio,* | mai. | *Amanhã.* | demain. |
| *Junho,* | juin. | *Depois d'amanhã,* | après-demain. |
| *Julho,* | juillet. | *O dia seguinte,* | le lendemain. |
| *Agosto,* | août. | *Dia santo,* | jour de fête. |
| *Septembro.* | septembre. | *Dia de trabalho,* | jour ouvrier. |
| *Outubro,* | octobre. | *Dentro d'um mez,* | dans un mois. |
| *Novembro,* | novembre. | *Dentro de oito dias,* | dans huit jours. |
| *Dezembro,* | décembre. | *Dentro de duas horas.* | dans deux heures. |
| *Primavera,* | le printemps. | | |
| *Verão,* | l'été. | | |
| *Outomno,* | l'automne. | | |
| *Inverno,* | l'hiver. | | |

Quinta-feira quatro de Março. — Sabbado doze de Dezembro. — Hoje é dia de trabalho. — Amanhã é dia santo. — Antes-d'hontem era quarta-feira — O mez de Junho tem trinta dias. — Um século tem cem annos. — Dentro d'um mez começa o inverno. — Dentro de oito dias principia o outomno. — Dentro de duas horas é noite. — Paris nove de Julho de mil oito centos e setenta e seis. — Tenho trinta e cinco annos de idade. — Amanhã é dia santo. — A diligencia parte ás trez horas da madrugada. — Depois d'amanhã é domingo. — A primavera começa a vinte e dois de março. — São duas horas e um quarto.

## LXVIII.

### VOCABULAIRE.

| | | | |
|---|---|---|---|
| Matin, | *manhã.* | Enfant, | *criança.* |
| Population, | *população.* | Hauteur, | *altura.* |

**Il est quatre heures de l'après-midi. — Nous sortirons**

demain à huit heures du matin. — La population de cette ville est de quatre mille trois cent vingt-cinq hommes, quatre mille cinq cents femmes et deux mille enfants ; total, onze mille personnes environ. — Cette maison a trente mètres de hauteur.

## Nombres ordinaux.

Les nombres ordinaux sont :

| | | | |
|---|---|---|---|
| *Primeiro*, | premier. | *Vigésimo segundo*, | vingt-deuxième. |
| *Secundo*, | second. | *Trigésimo*, | trentième. |
| *Terceiro*, | troisième. | *Quadragésimo*, | quarantième. |
| *Quarto*, | quatrième. | *Quinquagésimo*, | cinquantième. |
| *Quinto*, | cinquième. | *Sexagésimo*, | soixantième. |
| *Sexto*, | sixième. | *Septuagésimo*, | soixante-dixième. |
| *Septimo*, | septième. | *Octogésimo*, | quatre-vingtième. |
| *Octavo*, | huitième. | *Nonagésimo*, | quatre-vingt-dixième. |
| *Nono*, | neuvième. | *Centésimo*, | centième. |
| *Décimo*, | dixième. | *Duzentésimo*, | deux-centième. |
| *Undecimo ou décimo primeiro*, | onzième. | *Trezentésimo*, | trois-centième. |
| *Duodecimo ou décimo secundo*, | douzième. | *Quatrocentésimo*, | quatre-centième. |
| *Décimo terceiro*, | treizième. | *Quinhentésimo*, | cinq-centième. |
| *Décimo quarto*, | quatorzième. | *Seiscentésimo*, | six-centième. |
| *Décimo quinto*, | quinzième. | *Setecentésimo*, | sept-centième. |
| *Décimo sexto*, | seizième. | *Notocentésimo*, | huit-centième. |
| *Décimo septimo*, | dix-septième. | *Novecentésimo*, | neuf-centième. |
| *Décimo oitavo*, | dix-huitième. | *Millionésimo*, | millionième. |
| *Décimo nono*, | dix-neuvième. | | |
| *Vigésimo*, | vingtième. | | |
| *Vigésimo primeiro*, | vingt-unième. | | |

En parlant des souverains on emploie les nombres ordinaux. Cependant l'usage a consacré l'emploi des nombres cardinaux pour les noms suivants : *Luiz treze*,

Louis XIII; *Luiz quatorze*, Louis XIV; *Luiz quinze*, Louis XV; *Luiz dezesseis*, Louis XVI; *Luiz dezoito*, Louis XVIII.

## L'ADVERBE.

Les adverbes portugais sont de *temps*, de *lieu*, de *quantité*, de *qualité*, de *doute*, d'*affirmation* et de *négation*.

Voici les principaux adverbes de temps :

| | | | |
|---|---|---|---|
| *Hoje*, | aujourd'hui. | *Ainda.* | encore. |
| *Hontem*, | hier. | *Então*, | alors. |
| *Amanhã*, | demain. | *Quando*, | quand. |
| *Agora*, | maintenant. | *Cedo*, | tôt, de bonne heure. |
| *Sempre*, | toujours. | | |
| *Nunca*, | jamais. | *Tarde*, | tard. |
| *Jamais*, | jamais. | *Depressa*, | vite. |
| *Antes*, | avant. | *Devagar*, | doucement. |
| *Depois*, | après. | *Outr'ora*, | jadis. |
| *Já*, | déjà, tout de suite. | | |

### VOCABULAIRE.

| | | | |
|---|---|---|---|
| *Apressar-se*, | s'empresser. | *Considerar*, | considérer. |
| *Reserva*, | réserve. | *Chegar*, | arriver. |
| *Possivel*, | possible. | *Operario*, | ouvrier. |

Vamos devagar, não temos necessidade de nos apressarmos. — Foram chamados hontem todos os soldados dareserva. — Amanhã iremos as theatro, hoje não é possivel. — Quando queres tu que te mande os livros? — Ainda é cedo. — Foi então que elle começou a ser considerado um grande homem. — Era já muito tarde quando chegámos. — Outr'ora estes operarios trabalhavam depressa, mas agora trabalham devagar.

Voici quelques adverbes de lieu :

| | | | |
|---|---|---|---|
| *Aqui*, | ici. | *Onde*, | où. |
| *Ali*, | là. | *Tonde*, | |
| *Lá*, | | *Adeante*, | devant. |
| *Acolá*, | | *Atraz*, | derrière. |
| *Longe*, | loin. | *Dentro*, | dedans. |
| *Perto*, | près. | *Fóra*, | dehors. |

Adverbes de quantité, qualité, doute, affirmation et négation :

| | | | |
|---|---|---|---|
| *Muito*, | beaucoup. | *Demasiado*, | trop. |
| *Pouco*, | peu. | *Fanto*, | tant, autant. |
| *Bastante*, | assez. | *Quanto*, | combien. |
| *Mais*, | plus. | *Nada*, | rien. |
| *Menos*, | moins. | *Quasi*, | presque. |
| *Bem*, | bien. | *Sim*, | oui. |
| *Mal*, | mal. | *Não*, | non. |
| *Talvez*, | peut-être. | *Tambem*, | aussi. |

# DICTIONNAIRE

## des mots employés dans cette méthode.

---

| | | |
|---|---|---|
| Abrir, | *abrir'*, | v. a., ouvrir. |
| Abundante, | *abondan'te*, | adj., abondant. |
| Achar, | *achar'*, | v. a., trouver. |
| Advogado, | *advouga'dou*, | s. m., avocat. |
| Acto, | *a'tou*, | s. m., acte. |
| Actriz, | *atrich'* | s. f., actrice. |
| Accender, | *acéender'*, | v. a., allumer. |
| Acceitar, | *acceitar'*, | v. a., accepter. |
| Accordar, | *acourdar'*, | v. a,, réveiller. |
| Africa, | *A'frica*, | s. f., Afrique. |
| Affastar-te, | *afastar'se*, | v. a., s'éloigner, |
| Affligir, | *aflegir'*, | v. a., affliger. |
| Agora, | *agó'ra*, | adv., à présent. |
| Agora, | *agó'ra*, | adv., maintenant. |
| Agradabilissimo. | *agradabili'ssimou*, | adj., très agréable. |
| Agua, | *á'goua*, | s f., eau. |
| Ainda agora, | *ain'da ágó'ra*, | tout à l'heure. |
| Alexandre, | *Alechun'dre*, | s. m., Alexandre. |
| Alfayate, | *alfaïá'te*, | s. m., tailleur. |
| Alfinete, | *alfiné'te*, | s. m., épingle. |
| Alfredo. | *Alfre'dou*, | s. m., Alfred. |
| Algibeira, | *algibeii'ra*, | s. f., poche. |
| Alho, | *á'glou*, | s. m., ail. |
| Alli, | *ali'*, | adv., la. |
| Allumiar, | *aloumar'*, | v. a., éclairer. |
| Alto, | *al'tou*, | adj., haut. |
| Amabilissimo, | *amabili'ssimou*, | adj., très aimable. |
| Amador, | *amador'*, | s. m., amateur. |
| Amanhã, | *âmadun'*, | adv., demain. |
| Amar, | *amár* | v. a., aimer. |
| Amanhecer, | *amagnecer'*, | v., commencer à faire jour. |
| Amavel, | *amâ'vel*, | adj., aimable, |

| | | |
|---|---|---|
| Amaram. | *ama'runou,* | v. a., ils aimeront. |
| Amigo, | *ami'gou,* | s. m., ami. |
| Amizade, | *amiz'a'de,* | s. f., amitié. |
| Amparo, | *unpârou,* | s. m., soutien. |
| Ananaz, | *ananach'* | s. m., ananas. |
| Andar, | *andar',* | v. a., marcher. |
| Anémico, | *anê'micou,* | adj., anémique. |
| Animal, | *animal'* | s. m., animal. |
| Annel, | *anel',* | s. m., bague. |
| Annexaar, | *annecsar',* | v. a., annexer. |
| Annexo, | *annèc'çou,* | v. a., annexe. |
| Annuncio, | *anoun'ciou,* | s. f., annonce. |
| Anoitecer, | *annauítecer',* | v., commencer à faire nuit. |
| Aonde. | *aon'de,* | adv., où. |
| Anxiedade, | *ancieda'de,* | s. f., anxiété. |
| Ante hontem, | *antion'teïm,* | adv., avant-hier. |
| Antes, | *an'tech,* | pr., avant. |
| Antiguidade, | *antiguida'de,* | s. f., antiquité. |
| Appresentar. | *aprese'ïntar* | v. a., présenter. |
| Approximar-se, | *aprocimar' se,* | s'approcher. |
| Aquelle, | *aquê'le,* | pr., celui. |
| Aqui. | *aqui',* | adv , ici. |
| Ardente, | *ardenn'te,* | adj., ardent. |
| Arte, | *âr'te,* | s. s., art. |
| Artista, | *artich'ta,* | s. m., artiste. |
| Arvore, | *ar'voure,* | s. f., arbre. |
| As armas, | *a zar'mach,* | les armes. |
| As vezes, | *ach' vezes,* | adv., quelquefois. |
| Atar, | *atar',* | v., lier. |
| Autoridade, | *aoutorida'de,* | s. f., autorité. |
| Azedo. | *azé'dou,* | adj., sur. |
| Azeite, | *azê'ïte,* | s. m., huile. |
| Barba, | *bar'ba,* | s. f., barbe. |
| Barril, | *barríl',* | s. m., petit tonneau. |
| Batel, | *batèl',* | s. m., petit bateau. |
| Beber, | *bebér',* | v. a., boire. |
| Bella, | *bê'la,* | adj., belle. |
| Bem, | *bê'ïnn,* | s. m., bien, |

Bengala, *benngâ'la,* s. f., canne.
Bibliotheca, *biblioutхè'ca,* s. m., bibliothèque.
Bom, *bon,* adj., bon.
Bonissimo, *bouni'ssimou,* adj., très bon.
Bonito, *bouni'tou,* adj., joli.
Brincar, *brïnn'car,* v. a., jouer.
Bota, *bô'ta,* s. f., botte.
Burro, *bour'rou,* s. m., âne.
Buscar, *bouchcar',* v. a., chercher.

Caber, *caber',* v. n., tenir dans.
Cabellos, *cabé'louch,* s. m., cheveux.
Cabo, *ca'bou,* s. m., câble.
Caçador, *caça daur',* s. m., chasseur.
Cadeia, *cadai'ïa,* s. f., chaîne.
Caes, *ca'ich,* s. m., quai.
Cahir, *caír',* v. a., tomber.
Caixa, *câ'cha,* s. f., boîte.
Calças, *cal'çach,* s. f., pantalon.
Cama, *ca'ma,* s. f., lit.
Caminho, *cami'gnou,* s. m., chemin.
Campo, *cam'pou,* s. m., campagne.
Candieiro, *candieï'rou,* s. m., lampe.
Cantar, *cantar',* v. a., chanter.
Cão, *cun'ou,* s. m., chien.
Capa, *câ'pa,* s. f., manteau.
Capital, *capital',* s. m, capitale.
Captivar, *cativar',* v. a., captiver.
Carlotta, *carlô'ta,* s. f., Charlotte.
Carneiro, *carné'irou,* s. m., mouton.
Carruagem, *carroua'gé'inn,* s. f., voiture.
Carta, *car'ta,* s. f., lettre.
Carteira, *cartai'ïra,* s. f., portefeuille.
Casa, *câ'za,* s. f., maison.
Casar, *cazar',* v. a., marier.
Casar-se, *cazar'se,* v. p., se marier.
Castanha, *casta'gna,* s. f., marron.
Castellão, *cachtelun'ou,* s. m., châtelain.
Castello, *cachtè'lou,* s. m., château.
Catholico, *catô'licou,* adj., catholique.

Causa, *câ'ouza,* s. f., cause.
Carvão, *carvun'ou,* s. m., charbon.
Cansar-se, *cansar'se,* v. a., se fatiguer.
Cavallo, *cava'lou,* s. m., cheval.
Cedó, *cé'dou,* adv., de bonne heure.
Cegar, *cegar',* v. a., aveugler.
Cego, *cè'gou,* adj., aveugle.
Cerveja, *cerve'ja,* s. f., bière.
Chapéo, *chapè'au,* s. m., chapeau.
Chapelleiro. *chapelé'ïrou,* s. m., chapelier.
Chaldaico, *caldâ'ïcou,* adj., chaldaïque.
Chale, *cha'le,* s. m., châle.
Charlatães, *charlatun'ich,* s. m., charlatans.
Charuto, *charou'tou,* s. m., cigare.
Chegar, *chigar',* v. a., arriver.
Cheia, *ché'ïa,* adj., pleine.
Chave, *châ've,* s. f., clef.
Chimica, *qui'mica,* s. f., chimie.
Chocolate, *choucoulâ'te,* s. m., chocolat.
Choviscar, *chouvichcâr',* v. a., bruiner.
Chorar, *chourar',* v. a., pleurer.
Chover, *chouvere,* v., pleuvoir.
Cidade, *cida'de,* s. f., ville.
Circulo, *cir'coulou,* s. m., arrondissement.
Clima, *cli'ma,* s. m., climat.
Corvir, *coubrir',* v. a., couvrir.
Cognac, *cognac',* s. m., cognac.
Colher, *cougler',* v. a., cueillir.
Collegio, *coulè'giou,* s. m., collège.
Colonia, *Coulô'nia,* s. f., Cologne.
Comer, *coumér',* v. a., manger.
Commettido, *coumetti'dou,* v. a., commis.
Comi, *coumi',* v. a., j'ai mangé.
Comigo, *coumi'gou,* adv., avec moi.
Com o meu, *com ou me'ou,* avec mon.
Cómmodo, *com'moudou,* adj., commode.
Companhia, *conpagni'a,* s. f., compagnie.
Competente, *competé'ïnte,* adj., compétent.
Completamente, *complètamé'ïnte,* adv., complètement.
Completar, *completar',* v. a., compléter.

| | | |
|---|---|---|
| Complicidade, | *complicida'de,* | s. f., complicité. |
| Compor, | *compaur',* | v. a., composer. |
| Comprar, | *comprar',* | v. a., acheter. |
| Comprido, | *compri'dou,* | adv., long. |
| Condensar, | *condennsar',* | v. a., condenser. |
| Confundir, | *confoundir',* | v. a., confondre. |
| Conhecer, | *congnecér',* | v. a., connaître. |
| Conhecida, | *cogneci'da,* | adj., connue. |
| Conseguir, | *conseguir',* | v. a., obtenir. |
| Conselho, | *consé'glou,* | s. m., conseil. |
| Conservar, | *conservar',* | v. a., garder. |
| Considerar, | *considerar',* | v. a., considérer. |
| Contar, | *contar',* | v. a., compter. |
| Convencer, | *convenncer',* | v. a., convaincre. |
| Convite, | *convi'te,* | s. m., invitation. |
| Copo, | *cô'pou,* | s. m., verre. |
| Côr, | *caur',* | s. f., couleur. |
| Corações, | *couraçon'ich,* | s. m., cœurs. |
| Corda, | *côr'da,* | s. f., corde. |
| Cordel, | *courdèl',* | s. m., ficelle. |
| Correr, | *courrér',* | v. a., courir. |
| Corrigir, | *courrigir',* | v. a., corriger. |
| Corromper, | *courromper',* | v. a., corrompre. |
| Cortar, | *courtar',* | v. a., couper. |
| Cosido, | *couzi'dou,* | adj., cuit. |
| Costureira, | *couchtoureï,ra,* | s. f., couturière. |
| Crer, | *crer',* | v. a., croire. |
| Creança, | *criun'ça,* | s. f., enfant. |
| Criado, | *cria'dou,* | s. m., domestique. |
| Crime, | *cri'me,* | s. m., crime. |
| Cunhada, | *cougna'da,* | s. f., belle-sœur. |
| Cunhado, | *cougna'dou,* | s. m., beau-frère. |
| Cultivar, | *coultivar,* | v. a., cultiver. |
| Curto, | *cou'rtou,* | adj., court. |
| Damasco, | *damách'cou,* | s. m., abricot. |
| Dar, | *dar',* | v. a., donner. |
| De, | *de,* | pr., de. |
| Dedal, | *dedâl',* | s. m., dé. |
| Decedido, | *decedi'dou,* | adj., décidé, |

| | | |
|---|---|---|
| Decedido, | *decedi'dou,* | adj. part., décidé. |
| Declarar, | *delarar',* | v. a., juger. |
| Decimo sexto, | *dè'cimou séc'htou,* | adj., seizième. |
| Defender, | *defennder',* | v. a., défendre. |
| Depois, | *depau'ich,* | adv., après. |
| Deputado, | *depouta'dou,* | s. m., député. |
| Descalçar, | *dechcalçar',* | v. a., déchausser. |
| Descer, | *dechcér',* | v. a., descendre. |
| Desde, | *déj'de,* | pr., depuis. |
| Desejar, | *dezejar',* | v. a., désirer. |
| Desembarcar, | *dezeïmbarcar,* | v. a., débarquer. |
| Despertar, | *dijpertar',* | v. a., réveiller. |
| Despir-se, | *dechpir'se,* | v. a., se déshabiller. |
| Detraz, | *detrâch',* | adv., derrière. |
| Devagar, | *devagar',* | adv., doucement. |
| Dever, | *devér',* | v. a., devoir. |
| Difficuldade, | *difficoulda'de,* | s. f., difficulté. |
| Dia, | *di'a,* | s. m., jour. |
| Dinheiro, | *dígneï'rou,* | s. m, argent. |
| Direito, | *diréi'tou,* | adj., droit. |
| Discipulo, | *dichci'poulou,* | s. m, élève. |
| Dispersar, | *dijpersar',* | v. a., disperser. |
| Dispor, | *dichpaur',* | v. a., disposer. |
| Distinguir, | *dichtïnnguir',* | v. a., apercevoir. |
| Distinguir, | *dichtïnnguir',* | v. a., distinguer. |
| Divertir-se, | *divertir'se,* | v. pr., s'amuser. |
| Dizer, | *dizer',* | v. a., dire. |
| Doente, | *doué'inte,* | adj., malade. |
| Dom, | *dom',* | s. m., don. |
| Domingo, | *doumïnn'gou,* | s. m., dimanche. |
| Durante, | *douran'te,* | pr., pendant. |
| Duro, | *dou'rou,* | adj., dur. |
| | | |
| E, | *i,* | pr., et. |
| Ebano, | *è'banou,* | s. m., ébène. |
| Edição, | *idiçun'ou,* | s. f., édition. |
| Eleger, | *ileger'* | v. a., élir. |
| Elemento, | *ilemen'itou,* | s. m., élément. |
| Eloquente, | *iloucuenn'te,* | adj., éloquent. |
| Em, | *é'ïm,* | pr., dans. |

| | | |
|---|---|---|
| Embaixada, | *emmbácha'da,* | pr., à. |
| Emilia, | *Imi'lia,* | s. f., ambassade. |
| Emprdhendedor, | *emmpreenndedor',* | o. f., Emilie. |
| Ensimar, | *ennsinar',* | s. m., entreprenant. |
| Entender, | *enntennder,* | v. a., apprendre. |
| Envolver, | *ennvolver'* | v. a., comprendre. |
| Erigir, | *iregir',* | v. a., envelopper. |
| Erudito, | *iroudi'tou,* | v. a., ériger. |
| Escada, | *ichca'da,* | adj., érudit. |
| Escrever, | *ichcrever',* | s. f., escalier. |
| Esconder, | *ichcondèr',* | v. a., écrire. |
| Escrivão, | *ichcrivun'ou,* | v. a., cacher. |
| Esforso, | *ichfaur'sou,* | s. m., écrivain. |
| Espada, | *echpa'da,* | s. m., effort. |
| Espinafres, | *echpina'frech,* | s. f., épée. |
| Esposa, | *ichpau'za,* | s. m.. épinards. |
| Essencia, | *isse'încia,* | s. f., épouse. |
| Estar, | *ichta'r,* | s. f., essence. |
| Este, | *ech'te,* | v. a., être. |
| Exame, | *iza'me,* | pr., celui-ci. |
| Exercito, | *izer'citou,* | s. m., examen. |
| Exhaurir, | *izâourir'.* | s. m., armée. |
| Expellir, | *ichpellir',* | v. a., épuiser. |
| Expor, | *ichpaur',* | v. a , expulser. |
| Expressar, | *ichpressar',* | v. a., exposer. |
| Exprimir, | *ichprimir',* | v. a., exprimer. |
| Expulsar, | *ichpoulsar',* | v. a., expulser. |
| Extinguir, | *ichtinnguir',* | v. s., éteindre. |
| **Facil,** | *fa'cil,* | adj., fac le. |
| Facilidade. | *facili la'de,* | s. f., facilité. |
| Facito, | *fa'tou,* | s. m., fait. |
| Familiar, | *familiar',* | adj., familier. |
| Fanatico, | *fana'ticou,* | adj., fanatique. |
| Fardo, | *far'dou,* | s. m., colis. |
| Fazer, | *faze'r,* | v. a., faire. |
| Fechado, | *fécha'dou,* | adj., part., fermé. |
| Feroz, | *feroch',* | adj., féroce. |
| Fertil, | *fèr'til,* | adj., fertile. |
| Festa, | *fech'ta,* | s. f., fête. |

| | | |
|---|---|---|
| Filho, | *fi'glou,* | s. m., fils. |
| Fio, | *fi'ou,* | s. m., fil. |
| Fino, | *fi'nou,* | adj., fine. |
| Fixar, | *ficsar,* | v. a., fixer. |
| Flor, | *flaur',* | s. f., fleur. |
| Floresta, | *flourech'ta,* | s. f., forêt. |
| Fogo, | *fo'gou,* | s. m., feu. |
| Fonte, | *fon'te,* | s. f., fontaine. |
| Força, | *faur'ça,* | s. f., force. |
| Forte, | *faur'te,* | adj., fort. |
| Fortuna, | *fourtou'na,* | s. f., fortune. |
| Fraco, | *frâ'cou,* | adj., faible. |
| Francez, | *Francech',* | s. m., Français. |
| Franzir, | *franzir',* | v. a., froncer. |
| Fraquissimo, | *fraqui'ssimou'* | adj., très faible. |
| Frasco, | *frâch'cou,* | s, m., flacon. |
| Fugir, | *fregir',* | v. a., frire. |
| Frio, | *fri'ou,* | adj., froid. |
| Fugacissimo, | *fougaci'ssimou,* | adj., très fugace. |
| Fugir, | *fougir',* | v. a., fuir. |
| Funil, | *fount'l',* | s. m., entonnoir. |
| Futil, | *foutil'* | adj., fertile. |
| | | |
| Gallinha, | *gali'gna.* | s. f., poule. |
| Ganhar, | *gagnar.* | v. a., gagner. |
| Garrafa, | *garrâ'fa,* | s. f., bouteille. |
| Gastar, | *gastar',* | v. a., dépenser. |
| Gaveta, | *gave'ta,* | s. f., tiroir. |
| Gelar, | *gelâr',* | v. a., geler. |
| General, | *general',* | s. m., général. |
| Generosamente, | *generôzamnn'te,* | adj., gouvernement. |
| Genio, | *gê'niou,* | s. m., caractère. |
| Girasol, | *girasol',* | s. m., tournesol. |
| Gostar, | *gouchtar,* | v. a., aimer. |
| Governo, | *gouver'nou,* | s. m., gouvernement. |
| Graça, | *gra'ça,* | s. f., plaisanterie. |
| Gravador, | *gravadaur',* | s. m., graveur. |
| Gritar, | *gritar*,* | v. a., crier. |
| Guardanapo, | *gouardana'pou,* | s. m., serviette. |
| Guloso, | *goulo'zou,* | adj., gourmand. |

Habitante, *abitan'te,* s. m., habitant.
Haver, *aver',* v. a., avoir.
Hespanha, *ichpa'gna,* s. f., espagne.
Hespanhol, *íchpag'nol,* s. m., espagnol.
Hoje, *au'je,* adv., aujourd'hui.
Homens (Os), *au zô'meïns,* les hommes.
Hontem, *onté'iun,* adv., hier.
Honra, *on'ra,* s. f., honneur.
Hora, *ô'ra,* s. f., heure.

Idade, *ida'de,* s. f., âge.
Ideia, *idè'ïa,* s. f., idée.
Ignominiosamente, *ignouminiôsamé'ïnte,* ignominieusement.
Igreja, *igre'ja,* s. f., église.
Indignamente, *ïnndiguenam'ïnte,* adv., indignement.
Ignorante, *iguenouran'te,* adj., ignorant.
Ilha, *i'gla,* s. f., isle.
Imagem, *imâ'geïn,* s. f., image.
Imprimir, *ïmmprimir',* v. a., imprimer.
Incluir, *ïnnclouir',* v. a., inclure.
Incorrer, *inncourrer',* v. a., encourir.
Infectar, *innfectar',* v. a., infecter.
Infestar, *ínnfechtar',* v. a., infester.
Inglez, *innglech',* s. m., anglais.
Inimigo, *ïnnimi'gou,* s. m., ennemi.
Inquietar, *innquiètar',* v. a., inquiéter.
Inquilino, *innquili'nou,* s. m., locataire.
Inserir, *ïnnserir',* v. a., insérer.
Insistir, *innsichtir',* v. a., insister.
Instavel, *ïnnsta'vel,* adj., instable.
Intelligente, *ínntelige'ïnte,* adj., intelligent.
Inteiro, *innté'ïrou,* adj., entier.
Interessante, *ïnteressun'te,* adj., intéressant.
Introduzir, *ïnntroudouzir',* v. a., introduire.
Ir, *ír',* v. n., aller.
Ir-se embora, *ír' semmbo'ra,* s'en aller.
Isentar, *ízenntar',* v. a., exempter.
Italia, *itâ'lia,* s. f., Italie.
Italiano, *italia'nou,* s. m., Italien.

| | | |
|---|---|---|
| Janella, | *jane'la,* | s. f., fenêtre. |
| Jardineiro, | *jardiné'irou,* | s. m., jardinier. |
| João, | *jouun'ou,* | s. m., Jean. |
| Jogador, | *jougador',* | adj., joueur. |
| Joelho, | *joué'glou,* | s. m., genou. |
| Joia, | *jô'ïa,* | s. f., bijou. |
| Jornal, | *journal',* | s. m., journal. |
| Joven, | *jo*veïn,* | adj., jeune. |
| Judeu, | *joude'ou,* | s. m., juif. |
| Juiz, | *jouij',* | s. m., juge. |
| Juntar, | *jountar',* | v. a., joindre. |
| | | |
| Lã, | *lun',* | s. f., laine. |
| Lado, | *la'dou,* | s. m., côté. |
| Ladrão, | *ladrun'ou,* | s. m., voleur. |
| Lama, | *la'ma,* | s. f., boue. |
| Lampada, | *lam'pada,* | s. f., lampe. |
| Laranja, | *laran'ja,* | s. f., orange. |
| Lavar-se, | *lavar'se,* | v. a., se laver. |
| Lê, | *le',* | v., il lit. |
| Légua, | *lè'goua,* | s. f., lieue. |
| Legume, | *legou'me,* | s. m., légume. |
| Ler, | *ler',* | v. a., lire. |
| Letra de cambio, | *le'tra de cam'biou,* | lettre de change. |
| Levantar-se, | *levantar'se,* | v. p., se lever. |
| Licença, | *licénn'ça,* | s. f., permission. |
| Lições, | *liçon'ich,* | s. f., leçons. |
| Limpar, | *linnpar',* | v. a., nettoyer. |
| Lindo, | *linn'dou,* | adj., beau. |
| Lingua, | *lïnn'goua,* | s. f., langue. |
| Lisboa, | *lijbau'a,* | s. f., Lisbonne. |
| Litterato, | *literâ'tou,* | s. m., littérateur. |
| Livrar, | *livrar',* | v. a., délivrer. |
| Livro, | *li'vrou,* | s. m., livre. |
| Loja, | *lô'ja,* | s. f., magasin. |
| Logar, | *lougar',* | s. m., lieu. |
| Longo, | *lon'gou,* | adj., long. |
| Louro, | *lougar',* | adj., blond. |
| Lume, | *lou'me,* | s. m., feu. |
| Luva, | *lou'va,* | s. f., gant. |

| | | |
|---|---|---|
| Luz, | *louch'*, | s. f., lumière. |
| | | |
| Machinista, | *machinich'ta*, | s. m., mécanicien. |
| Madeira, | *made'ira*, | s. f., Madère. |
| Maduro, | *madou'rou*, | adj., mûr. |
| Maligno, | *mali'guenou*, | adj., méchant. |
| Manifestar, | *manifechtar'*, | v. a., manifester. |
| Mandar, | *mandar'*, | v. a., envoyer. |
| Manhã, | *magnum'* | s. f., matin. |
| Manuscripto, | *manouscri'tou*, | s. m., manuscrit. |
| Máo, | *mâ'ou*, | adj., méchant. |
| Maravilha, | *maravi'gla*, | s. f., merveille. |
| Marido, | *mari'dou*, | s. m., mari. |
| Marselha, | *marsé'lla*, | s. f., Marseille. |
| Mas, | *mach'*, | c., mais. |
| Matar, | *matar'*, | v. a., tuer. |
| Médico, | *mè'dicou*, | s. m., médecin. |
| Medida, | *medi'da*, | s. f., mesure. |
| Medir, | *medir'*, | v. a., mesurer. |
| Medo, | *mé'dou*, | s. m., peur. |
| Melão, | *melun'ou*, | s. m., melon. |
| Memoria, | *memó'ria*, | s. f., mémoire. |
| Menina, | *meni'na*, | s. f., jeune fille. |
| Menino, | *meni'nou*, | s. m., enfant. |
| Mentiroso, | *ménntirau'zou*, | adj., menteur. |
| Mercado, | *merca'dou*, | s. m., marché. |
| Mestre, | *mèch'tre*, | s. m., maître. |
| Metal, | *metâl'*, | s. m., métal. |
| Mez, | *méch'*, | s. m., mois. |
| Meza, | *mé'za*, | s. f., table. |
| Modesto, | *moudèch'tou*, | adj., modeste. |
| Moinho, | *moui'gnou*, | s. m., moulin. |
| Moleiro, | *moulé'irou*, | s. m., meunier. |
| Montanha, | *monta'gna*, | s. f., montagne. |
| Monte, | *mon'te*, | s. m., mont. |
| Morango, | *mouran'gou*, | s. m., fraise. |
| Morar, | *mourar'*, | v. a., habiter. |
| Morder, | *mourdér'*, | v. a., mordre. |
| Morrer, | *mourrer'*, | v. a., mourir. |
| Morte, | *môr'te*, | s. f., mort. |

Morto, *maur'tou,* adj., mort.
Mostrar, *mouchtrar',* v. a., montrer.
Muito, *mou'itou,* adv., beaucoup.
Muito tempo, *mou'ĭtou tempou,* adv., longtemps.
Muito bem, *mou'ĭtou beïnn,* très bien.
Muito pouco, *mou'ĭtou pau'cou,* très peu.
Mundo, *moun'dou,* s. m., monde.
Murchar, *mourchar',* v. a., faner.
Musica, *mou'zica,* s. f., musique.

Nação, *naçun'ou,* s. f., nation.
Nada, *na'da,* adv., rien.
Nascer, *nachcer'.* v. a., naître.
Nevoeiro, *novoué ĭ rou,* s. m., brouillard.
Nú, *nou',* adj., nu.
Nevar, *nevâr',* v. a., neiger.
Neve, *nè've,* s. f., neige.
No (em o), *nau'ĭte,* pr., dans le.
Noite, *nou',* s. f., soir.
Noticias, *nouticiach,* s. f., nouvelles.
Nunca, *noun'ca,* adv., jamais.

Obedecer, *aubedecér',* v. a., obéir.
Obras, *ô'brach,* s. f , œuvres.
Obstaculo, *obchta'coulou,* s. m., obstacle.
Occidente, *ocideïn'te,* s. m., occident.
Occultar, *occoultar',* v. a., cacher.
Offerecer, *auferecer',* v. a., offrir.
Olhar, *auglar',* v. a., regarder.
Omittir, *omittir',* v. a., omettre.
Opera, *ô'pera,* s. f., opéra.
Opinião, *opïniun'ou,* s. f., opinion.
Oppor, *aupaur',* v. a., opposer.
Opprimir, *auprimir',* v. a., opprimer.
Ordem, *ôr'deïnn,* s. m., ordre.
Ordenado, *ordena'dou,* s. m., traitement.
Orelha, *auré'gla,* s. f., oreille.
Oriente, *orieïn'te,* s. m., orient.
Ouvir, *auvir',* v. a., entendre.
Ovo, *au'vou,* s. m., œuf.

Paciencia, *paci'enn'cia,* s. f., patience.
Padeiro, *pâdeï'rou,* s. m., boulanger.
Pães, *pun'ich,* s. m., pains.
Pagar, *pagar',* v. a., payer.
Paiz, *paich',* s. m., pays.
Parte, *par'te,* s. f., partie.
Partir, *partir',* v. n., partir.
Passar, *passar',* v. a., passer.
Passear, *pacear',* v. a., promener.
Pão, *pun'ou,* s. m., pain.
Paul, *paoul',* s. m., marécage.
Paz, *pâch',* s. f., paix.
Pedir, *pedir',* v. a., demander.
Pedreiro, *pedrê'ïrou,* s. m., maçon.
Pena, *pé'nna,* s. f., peine.
Pensar, *pennsar',* v. a., penser.
Penna, *pe'nna,* s. f., plume.
Pentear-se, *pëintiar'se,* v. a., se peigner.
Pequeno, *pequenn'ou,* adj., petit.
Pera, *pé'ra,* s. f., poire.
Perder, *perder',* v. a., perdre.
Perfume, *perfou'me,* s. m., parfum.
Perigo, *peri'goïc,* s. m., danger.
Pescoço, *pichcau'çou,* s. m., cou.
Pessoa, *pesso'a,* s. f., personne.
Perverter, *perverter',* v. a., pervertir.
Poço, *pau'çou,* s. m., puits.
Poder, *pouder',* v. n., pouvoir.
População, *paupoulaçun'ou,* s. f., population.
Pôr, *paur',* v. a., mettre.
Porque, *pourqué',* adv.. parce que.
Porta, *pôr'ta,* s. f., porte.
Portuguez, *pourtouguech',* s. m., portugais.
Pouco, *pau'cou,* adv., peu.
Povo, *pau'vou,* s. m., peuple.
Prato, *prâ'tou,* s. m., assiette.
Preço, *pré'çou,* s. m., prix.
Preguiçoso, *preguiçau'zou,* adj., paresseux.
Prender, *prennder',* v. a., arrêter.
Presente, *presé'innte,* s. m., cadeau.

| | | |
|---|---|---|
| Professar, | *proufessar,* | v. a., professer. |
| Prometter, | *proumetter',* | v. a., promettre. |
| Propender, | *proupennder',* | v., avoir du penchant. |
| Propor, | *proupaur',* | v. ac., proposer. |
| Proposta, | *proupôch'ta,* | s. f., proposition. |
| Propriedade, | *proupríéda'de,* | s. f., propriété. |
| Provavelmente, | *prouvavelmé'inte,* | adv., probablement. |
| Proteger, | *proutegér',* | v. a., protéger. |
| Provincia, | *prouvinn'cia,* | s. f., province. |
| Prudentissimo, | *proudennti'ssimou,* | adj., très prudent. |
| Puro, | *pou'rou,* | adj., pure. |
| | | |
| Quadro, | *couâ'drou,* | s. m., tableau. |
| Qualidade, | *coualidâ'de,* | s. f., qualité. |
| Quatro, | *couâtrou',* | adj., quatre. |
| Quebrado, | *quebra'dou,* | adj., cassé. |
| Queijo, | *queï'jou,* | s. m., fromage. |
| Queimar-se, | *queïmar'se,* | v. a., se brûler. |
| Queixar-se, | *quaeïchar'se,* | v., se plaindre. |
| Querer, | *querer',* | v. a., vouloir. |
| Quesito, | *quesi'to,* | s. m., demande. |
| Questão, | *questun'ou,* | s. f., question. |
| Quota, | *cô'ta,* | s. f., quote. |
| | | |
| Rapaz, | *rapâch',* | s. m., garçon. |
| Rato, | *ra'tou,* | s. m., souris. |
| Razão, | *razun'ou,* | s. f., raison. |
| Receber, | *recebér',* | v. a., recevoir. |
| Reduzir, | *redouzir',* | v. a., réduire. |
| Relação, | *relaçun'ou,* | s. f., rapport. |
| Reliquia, | *reli'quia,* | s. f., relique. |
| Relogio, | *relô'giou,* | s. m., montre. |
| Remetter, | *remettér',* | v. a., envoyer. |
| Responder, | *rechpondér',* | v. a., répondre. |
| Revisão, | *revizun'ou,* | s. f., revision. |
| Retroz, | *retrôch',* | s. m., soie torse. |
| Rico, | *ri'cou,* | adj., riche. |
| Rir, | *rir',* | v. n., rire. |
| Romance, | *rouman'ce,* | s. m., roman. |
| Romper, | *romper',* | v. a, rompre. |

Rosa, *rôˈza,* s. f., rose.
Roubar, *raubarˈ,* v. a., voler.
Róupa, *rauˈpa,* s. f., linge.
Rua, *rou'a,* s. f., rue.
Russia, *rouˈsia,* s. f., Russie.

Sabão, *sabunˈou,* s. m., savon.
Saber, *saberˈ,* v. a., savoir.
Sabio, *saˈbiou,* adj., savant.
Saboroso, *sabourauˈzou,* adj., savoureux.
Sacco, *sâˈcou.* s· m., sac.
Sahir, *sairˈ,* v. a., sortir.
Salvar, *salvarˈ,* v. a., sauver.
Sanguinario, *sanguinaˈriou,* adj., sanguinaire.
Sanha, *saˈgna,* s. f., rage.
Satyrico, *satiˈricou,* adj., satyrique.
Seculo, *sèˈcoulou,* s. m., siècle.
Seccar, *secaˈr,* v. a., sécher.
Segurar, *segourarˈ,* v. a., assurer.
Selleiro, *seléˈïrou,* s. m., sellier.
Selvagem, *sèlvaˈgéïn,* adj., sauvage.
Semana, *semaˈna,* s. f., semaine.
O Senhor, *ouˈ segnor,* monsieur.
Senhora, *segnauˈra,* s, f., dama.
Sepultar, *sepoultarˈ,* v. a., ensevelir.
Ser, *serˈ,* v. n., être.
Servir-se, *servírˈse,* v. p., se servir.
Sexo, *sècˈçou,* s. m., sexe.
Situar, *sitouar,* v. a., situer.
Só, *sô,* adj., seul.
Sobrancelha, *souberˈbou,* s. f., sourcil.
Sobretudo, *sobrancêlha,* s. m., pardessus.
Soberbo, *saubretouˈdou,* adj., orgueilleux.
Sobrinho, *soubriˈgnou,* s. m., neveu.
Sobrio, *sôˈbriou,* adj., sobre.
Soffrer, *souffrérˈ,* v. a., souffrir.
Soldado, *soldâˈdou,* s. m., soldat.
Soltar, *soltarˈ,* v. a., délier.
Somno, *sauˈnou,* s. m., sommeil.
Submergir, *soubmergírˈ,* v., submerger.

| | | |
|---|---|---|
| Suissa, | *souïs'sa,* | s. f., Suisse. |
| Sujeitar, | *soujaiitar,* | v. a., assujettir. |
| Suppor, | *souppaur',* | v. a., supposer. |
| Surdo, | *sour'dou,* | adj., sourd. |
| Suspeitar, | *souchpaiitar,* | v. a., soupçonner. |
| Suspender, | *souchpennder,* | v. a., suspendre. |
| | | |
| Tabellião. | *tabeliun'ou,* | s. m., notaire. |
| Talvez, | *talvéch',* | adv., peut-être. |
| Tambem, | *tambe'ïnn,* | adv., aussi. |
| Tanque, | *tun'que,* | s. m., bassin. |
| Tanto, | *tan'tou,* | adv., tant. |
| Tanto tempo, | *tan'tou tëmmpou,* | si longtemps. |
| Tarde, | *tar'de,* | adv., tard. |
| Telhado, | *tegla'dou,* | s. m., toiture. |
| Ter, | *ter',* | v. a., avoir. |
| Terminar, | *terminar',* | v. a., terminer. |
| Terreno, | *tere'nou,* | s. m., terrain. |
| Testamento, | *testamé'ïnto,* | s. m., testament. |
| Theatro, | *theâ'trou,* | s. m., théâtre. |
| Tingir, | *tinngir',* | v., teindre. |
| Tintureiro, | *tïnntoureï'rou,* | s. m., teinturier. |
| Toalha, | *toua'gla,* | s. f., serviette. |
| Tolo, | *to'lou,* | s. m., sot. |
| Tomar, | *toumar',* | v. a., prendre. |
| Torcer, | *tourcer,* | v. a., tordre. |
| Tornar a dormir, | *tournar' a dourmir',* | v. a., rendormir. |
| Tornar-se, | *tournar'se,* | v. p., être devenu. |
| Torrente, | *touré'ïnte,* | s. f., torrent. |
| Trabalhar, | *trabaglar',* | v. a., travailler. |
| Trazer, | *trazer',* | v. a., apporter. |
| Tristissimo, | *tristi'ssimou,* | adj., très triste. |
| Troca, | *trô'ca,* | s. f., échange. |
| Trovejar, | *trouvejâr',* | v., tonner. |
| Trouxe, | *trau'ce,* | v. a., il apportera. |
| Tudo, | *tou'dou,* | adj., tout. |
| | | |
| Vai, | *vaï',* | v. a., va. |
| Valente, | *vale'ïnte,* | adj., vaillant. |
| Valle, | *va'le,* | s. m., vallée. |

| | | |
|---|---|---|
| Valor, | *valaur'*, | s. m., valeur. |
| Vazia, | *vazi'a*, | adj., vide. |
| Vê, | *vé*, | v., il voit. |
| Velhaquissimo, | *viglaqui'ssimou*, | adj., très coquin. |
| Vender, | *vénnder'*, | v. a., vendre. |
| Ventar, | *venntar'*, | v., venter. |
| Ver, | *ver'*, | v. a., voir. |
| Verdade, | *verda'de*, | s. f., vérité. |
| Vestido, | *vechti'dou*, | s. m., robe. |
| Vestir-se, | *vechtir'se*, | v. a , s'habiller. |
| Viajar, | *viajar'*, | v. a., voyager. |
| Viajante, | *viajun'te*, | s. m., voyageur. |
| Viagem, | *viâ'geïn*, | s. f., voyage. |
| Victima, | *vi'tima*, | s. f., victime. |
| Vida, | *vi'da*, | s. f., vie. |
| Villão, | *villun'ou*, | adj., rustre. |
| Vinho, | *vi'gnou*, | s. m., vin. |
| Vir, | *vir'*, | v. n., venir. |
| Virtude, | *virtou'de*, | s. f., vertu. |
| Visinho, | *vezi'gnou*, | s. m., voisin. |
| Viver, | *víve'r*, | v. a., vivre. |
| Volume, | *voulou'me*, | s. m., volume. |
| Vossa Excellencia, | *vô'ça ichcelenn'cia*, | Votre Excellence. |
| Vossa Senhoria, | *vô'ça segnouri'a*, | Votre Seigneurie. |
| Vossemecê, | *vôcemecé'*, | Votre Grâce. |
| Vontade, | *vonta'de*, | s. f., volonté. |
| Voz, | *vauch*, | s. f., voix. |
| | | |
| Ultrajar, | *oultrajar'*, | v. a., outrager. |
| Unico, | *ou'nicou*, | adj., unique. |
| Util, | *ou'til*, | adj., utile. |
| Uva, | *ou'va*, | s. f., raisin. |
| | | |
| Xadrez, | *chadrech'*, | s. m., échiquier. |
| | | |
| Zombar, | *zombar'*, | v. a., se moquer. |

---

# DICTIONNAIRE FRANÇAIS-PORTUGAIS

| | | | |
|---|---|---|---|
| A, | *em.* | Annexer, | *annexar.* |
| Abondant, | *abundante.* | Annonce. | *annuncio.* |
| Abricot, | *damasco.* | Antiquité, | *antiguidade.* |
| Accepter, | *acceitar.* | Anxiété, | *anxiedade.* |
| Accompagner, | *accompanhar.* | Apercevoir, | *distinguir.* |
| Acheter, | *comprar.* | Applaudir, | *opplaudir.* |
| Acier, | *aço.* | Il appòrta, | *trouxe.* |
| Acte, | *acto.* | Apporter, | *trazer.* |
| Actrice, | *actriz.* | Apprendre, | *ensinar.* |
| Affliger, | *affligir.* | S'approcher, | *approximar-se.* |
| Afrique, | *Afrtca.* | Approfondi, | *profundo.* |
| Age, | *idade.* | Après, | *depois.* |
| Aiguille, | *agulha.* | A présent, | *agora.* |
| Ail, | *alho.* | Arbre, | *arvore.* |
| Aimable, | *amovul.* | Ardent, | *ardente.* |
| Aimer, | *amar.* | Argent, | *prata.* |
| Ils aimeront, | *amaram.* | Argent, | *dinheiro.* |
| Alfred, | *Alfredo.* | Armée, | *exercito.* |
| Aller, | *ir.* | Les armes, | *as armas.* |
| S'en aller, | *ir se embora.* | Armoire, | *armaro.* |
| Allumer, | *accender.* | Arrêter, | *prencler.* |
| Alexandre, | *Alexandre.* | Arriver, | *chegar.* |
| Amateur, | *amador.* | Arrondissement | *circulo,* |
| Ambassade, | *ambaxada.* | Art, | *arte.* |
| Ami, | *amigo.* | Artiste, | *artista.* |
| Amitié, | *amizade.* | Assiette, | *prato,* |
| S'amuser, | *divertirse.* | Assujettir, | *arsujeit.* |
| Ananas, | *ananaz.* | Assurer, | *segurar.* |
| Ane, | *burro.* | Attendre, | *esperar.* |
| Anglais, | *Inglez.* | Aujourd'hui, | *hoje.* |
| Anémique, | *anemeco.* | Aussi, | *tambem.* |
| Animal, | *animal.* | Autorité, | *autoridade.* |
| Annexe, | *annexo.* | Avant, | *antes.* |

| | | | |
|---|---|---|---|
| Avant-hier, | *ante hontem.* | Avoine, | *avéa.* |
| Avec moi, | *comigo.* | Avoir, | *ter.* |
| Avec mon, | *com o meu.* | Avoir, | *haver.* |
| Aveugler, | *cegar.* | Avoir du penchant, | *propender.* |
| Aveugle, | *cego.* | | |
| Avocat, | *advogado.* | | |

| | | | |
|---|---|---|---|
| Bague, | *annel.* | Bois, | *madeira.* |
| Bain, | *banho.* | Boîte, | *caixa.* |
| Bal, | *baile.* | Bon, | *bom.* |
| Balayer, | *varrer.* | Bon très | *bonissimo.* |
| Barbe, | *barba.* | Bonne heure, de | *cedo.* |
| Bassin, | *tanque.* | Bonté, | *bondade.* |
| Beaucoup, | *muito.* | Botte, | *bota.* |
| Belle, | *bella.* | Boue, | *lama.* |
| Belles paroles, | *boas palavras.* | Boulanger, | *padeiro.* |
| Belle-sœur, | *cunhada.* | Bouchon, | *rolha.* |
| Beau, | *lindo.* | Bouquet, | *ramalhete.* |
| Beau-frère, | *cunhado.* | Bouteille, | *garrafa.* |
| Besoin, | *necessidade.* | Brouillard, | *nevoeiro.* |
| Bien, | *bem.* | Bruiner, | *chuviscar.* |
| Bière, | *cerveja.* | Bruit, | *ruido.* |
| Bijou, | *joia,* | Brûlé, | *queimado.* |
| Bibliothèque, | *bibliotheca.* | Brûler, | *queimar.* |
| Blond, | *touro.* | Brûler se, | *queimar-se.* |
| Boire, | *beber.* | | |

| | | | |
|---|---|---|---|
| Câble, | *cabo.* | Cause. | *causa.* |
| Cacher, | *esconder.* | Casser, | *quebrar.* |
| Cacher, | *occultor.* | Celui-ci, | *este.* |
| Cadeau, | *presenee.* | Celui-là, | *aguelle.* |
| Calme, | *moderaçâo.* | Ces, | *estes.* |
| Campagne, | *campo.* | Chaîne, | *cadeca.* |
| Canif, | *canivete.* | Chaldaïque, | *chaldaico.* |
| Canne, | *bengala.* | Châle, | *chale.* |
| Capitale, | *copital.* | Chambre. | *quarto,* |
| Captiver, | *captivar.* | Champ, | *campo.* |
| Caractère, | *genio.* | Chanson, | *canção.* |
| Cassé. | *quebrado.* | Charlatans, | *charlatães.* |
| Catholique, | *catholico.* | Charmant, | *encantador.* |

Chanter, *cantor.*
Chapeau, *chopeo.*
Chapelier, *chapelleiro.*
Charbon, *carvão.*
Charlotte, *Carlotta.*
Chasseur, *caçador.*
Château, *cástello.*
Châtelain, *bastellão.*
Chemin, *camidho.*
Chercher, *procurar.*
Chercher, *buscar.*
Cheveux, *cabellos.*
Cigare, *charuto.*
Chocolat, *chocolate.*
Coffre, *coffre.*
Compter, *contar.*
Chose, *coise.*
Cheval, *cavallo.*
Chien, *cãe.*
Chimie, *chimica*
Chou, *couve.*
Clef, *chave.*
Climat, *clima.*
Cognac, *cognac.*
Colis, *efardo.*
Cologne, *Colognia.*
Collège, *collegio.*
Combustible, *combustivel.*
Comédie, *comédia*
Comme il l'entend, *como.*
Commencer à faire nuit, *anoitecer.*
Commencer à faire jour. *amanheeer.*
Commis, *comettido.*
Commode, *commodo.*
Comme, *éonhecĭda.*
Compagnie, *companhia.*
Comparaison, *comparação.*
Compas, *compasso.*
Compétent, *competente.*
Complètement, *completamente.*
Compléter, *completar.*
Complicité, *complicidade.*
Composer, *composer.*
Comprendre, *entender.*
Condenser, *condensar.*
Confondre, *confundir.*
Conduire, *conduzir.*
Connaître, *conhecer.*
Conseil, *conaelho.*
Considérer, *considerar.*
Content, *contente.*
Contrarier, *contrariar.*
Convaincre, *codvencer.*
Corde, *corda.*
Corriger, *çorrigir.*
Corrompre, *corromper.*
Côté, *lado.*
Çou, *pescoço.*
Couturière, *costureira.*
Coucher, *deitar.*
Couleur, *côr.*
Couper, *cortar.*
Couper (se), *cortar-se.*
Courir, *correr.*
Court, *curto.*
Couvrir, *cobrir.*
Cousin, *primo,*
Couteau, *faca.*
Cœurs, *coracôes*
Cravate, *grovata.*
Crayon, *lápis.*
Crier, *gritar.*
Crime, *crime.*
Croire, *crer.*
Cuiller, *colher.*
Cultiver, *cultiyar.*
Cuisinier, *cosinheiro.*

Cuit, *cosïdo.*

Dame, *senhora.*
Dans, *em,*
Dans le, *no (em o).*
Danger, *perigo.*
De, *de.*
Dé, *dedal.*
Débarquer, *desembarcar.*
Déchausser, *descalçar.*
Déchiré, *rasgado,*
Décidé. *decedido.*
Défendre, *defender.*
Déjà, *já.*
Délier, *soltar.*
Délivrer, *livrar.*
Demain, *amanhá.*
Demande, *queseto.*
Demander, *pedir.*
Demander, *perguntar,*
Dentelle, *renda,*
Dépendre, *depender.*
Dépenser, *gastar,*
Depuis, *desde.*
Député, *deputudo.*
Dernière, *passado.*
Derrière, *détraz,*
Descendre, *discer.*
Déshabiller, *despir-se.*
Désirer, *desejar.*
Détruit, *distruido.*
Devoir, *dever.*
Dictionnaire, *diccionario.*
Difficulté, *difficuldade.*
Dimanche, *domingo.*
Diner, *jantar.*
Dire, *dizer.*
Discuter, *diseutir.*
Disperser, *dispersar.*
Disposer, *dispor.*
Distinguer, *distinguir.*
Distrait, *distranido.*
Domestique, *criado.*
Don, *dom.*
Donner, *dar.*
Doucement, *devagar.*
Droit, *dtrecto.*
Dar, *durs.*

Eau, *agua.*
Ebène, *ébano.*
Echange, *tróca.*
Echiquier, *xadrez.*
Eclairer, *alhumar.*
Eclatant, *brilhante.*
Ecouter, *ouvir.*
Ecrire, *escriver.*
Ecrivain, *escrivão.*
Edition, *ediçao.*
Effets, *roupa.*
Effort, *esforço.*
Eglise, *igreja.*
Etude, *estudo.*
Elire, *eleger.*
Éloigner (s') *affastar-se.*
Elément, *elemento.*
Elève, *disciputo.*
Eloquent, *eloquente.*
Emilie, *Emilia.*
Employé, *empregado*
Encourir, *encorrer.*
Encre, *tinta.*
Enfant, *filho.*
Enfant, *menino.*
Enfant, *ineança.*
Envelopper, *cnvolver.*
Ennemi, *inimigo.*

| | |
|---|---|
| Ennuyer (s'), | *aborecer-se.* |
| Entendre, | *ouvir.* |
| Ensevelir, | *sepultar.* |
| Entier, | *inteiro.* |
| Entonner, | *fumil.* |
| Entreprenant, | *emprehendedor.* |
| Envoyer, | *mandar.* |
| Envoyer, | *remetter.* |
| Epée, | *espada.* |
| Epinards, | *espinafres.* |
| Epingle, | *alfinete.* |
| Epouse, | *esposa.* |
| Epuiser, | *exhauror,* |
| Eriger, | *eregir.* |
| Erudit, | *erudito.* |
| Escalier, | *escada.* |
| Espagne, | *Hespanha,* |
| Espagnol, | *Hespanhol.* |
| Essence, | *essencia.* |
| Et, | *e.* |
| Eteindre, | *extinguir,* |
| Eternuer, | *espirrar.* |
| Être, | *estar.* |
| Être, | *ser.* |
| Être devenu, | *tormar-se.* |
| Examen, | *exame.* |
| Excellent, | *excellente.* |
| Exempter, | *isentar.* |
| Expédier, | *expedir.* |
| Exposer, | *expor.* |
| Exposition, | *exposição.* |
| Exprimer, | *expressar.* |
| Exprimer, | *exprimer.* |
| Expulser, | *expulsar.* |
| Expulser, | *expeltir.* |

| | |
|---|---|
| Facile, | *facil.* |
| Facilité, | *facilidade.* |
| Faible, | *fraco.* |
| Faible (très), | *fraguissimo,* |
| Faire, | *faxer,* |
| Fait, | *facto.* |
| Familier, | *familiar.* |
| Fanatique, | *fanatico.* |
| Faner, | *murchar.* |
| Fatiguer (se), | *cansar-se'.* |
| Faveur, | *favor.* |
| Fenêtre, | *janella.* |
| Fermé, | *fechado.* |
| Féroce, | *feroz.* |
| Fertile, | *fertil.* |
| Fête, | *festa.* |
| Feu, | *fogo.* |
| Feu, | *lume.* |
| Ficelle, | *cordel.* |
| Fil, | *fio.* |
| Fils, | *filho.* |
| Fine. | *fino.* |
| Fixer. | *fixar.* |
| Flacon. | *frasco.* |
| Fleur, | *flor.* |
| Foi, | *fé.* |
| Foire, | *feira.* |
| Fontaine, | *fonte.* |
| Force, | *força.* |
| Forêt, | *floresta.* |
| Fort, | *forte.* |
| Fortune, | *fortuna.* |
| Fou, | *doiao.* |
| Fourchette, | *garfo.* |
| Fournir, | *fornecer.* |
| Français, | *Francez.* |
| Fraise, | *morango.* |
| Frère, | *crmão.* |
| Frire, | *frihir.* |
| Froid, | *frio.* |
| Fromage, | *gueieo.* |
| Froncer, | *franzir.* |

Fruit, *fructo.*
Fruits. *fructa.*
Fugace (très), *fugocissimo.*
Fuir, *fugir.*
Futile, *futil.*

Gagner, *ganhar.*
Gant, *luva.*
Garçon, *rapaz.*
Garder, *conservar.*
Geler. *getar.*
Général, *general.*
Généreusement, *generosamente.*
Gourmand, *guloso.*
Gouvernement, *governo.*
Grand, *grande.*
Gravement, *gravemente.*
Graveur, *gravador.*

Habillé, *vestido.*
Habiller, *vestir.*
Habiller (s'), *vestircse.*
Habitant, *habitante.*
Habiter, *morar.*
Habits. *fato.*
Harnais, *arreios.*
Haut, *alto.*
Héritage, *herança.*
Heure, *hora.*
Hier, *hontem.*
Hommes (les), *os honneus.*
Honneur, *honra.*
Huile, *azeite.*

Ici, *aqui.*
Ici, *cá.*
Idée, *idea.*
Ignominieusement, *ignominiosamente.*
Ignorant, *ignorante.*
Image, *imagem.*
Imaginer, *imaginar.*
Impossible, *impossivel.*
Imprimer, *imprimir.*
Imprimeur, *impressor.*
Inclure, *incluir.*
Indignement, *indigamente.*
Infecter, *infectar.*
Infester, *infestar.*
Inquiéter, *inquietar.*
Insérer, *inserir.*
Insister, *insistir.*
Instable, *inetavel.*
Intelligent, *intelligente.*
Intéressant, *interessante.*
Introduire, *introduzer.*
Inutilement, *inutilmente.*
Invitation, *convite.*
Inviter, *convidar.*
Ile, *ilha.*
Italie, *Italia.*
Italien, *Itatiano.*
Ivre, *ibriagado.*

Jamais, *nunca.*
Jambe, *perna.*
Jardin, *horta.*
Jardin. *jardim.*
Jardinier, *jardineiro.*
Jean, *João.*
Jeune fille, *menina.*
Joindre, *juutar.*

Joli. *comito.*
Jouer, *brincar.*
Journal, *jornal.*
Joueur, *jogador.*
Jour, *dia.*
Juif, *Judea.*
Juge, *juiz.*
Juger, *declarar.*

La, *alli.*
Laine, *lã.*
Lampe, *lampada.*
Lampe, *candiciro,*
Lapin, *coelho.*
Langue, *lingua.*
Laver (se), *lavar-se.*
Leçons, *lições.*
Légume, *legume.*
Lettre, *carta.*
Lettre de change. *Lettra de cambio.*
Lever (se), *levantar-se.*
Libraire, *livreiro.*
Lier, *catar.*
Lieu, *logar.*
Lieue, *legua.*
Linge, *roupa.*
Liquide, *liquido.*
Liqueur, *licôr.*
Lire, *ler.*
Lisbonne, *Lisbôo.*
Lit, *cama.*
Lit (il), *lê.*
Littérateur, *litterato.*
Litre, *litro.*
Livre, *livro.*
Locataire, *lnquilino.*
Long, *comprido.*
Long, *longo.*
Longtemps, *muito.*
Lourd, *pesado.*
Lumière, *luz.*
Lueur, *ciarão.*

Mâcher, *mastigar.*
Maçon, *pedreiro.*
Madère, *madère.*
Magasin, *loja.*
Magasin, *armazem.*
Maître, *mestre.*
Maison, *casa.*
Maintenant, *agora.*
Malade, *doente.*
Malheur, *desgraça.*
Malle, *malla.*
Manger, *comer.*
Mangé (j'ai), *comi.*
Marché, *mercado.*
Mari, *marido.*
Main, *mâo.*
Mais, *mas.*
Mandarine, *tangerina.*
Manifester, *manifestar.*
Manuscrit, *manuscript.*
Manteau, *capa.*
Marchandises, *mercadorias.*
Marcher, *andar.*
Marécage, *paul.*
Marier, *casar.*
Marier (se), *casar-se.*
Marron, *castanha.*
Marseille, *Marselha.*
Matin, *manhâ.*
Mécanicien, *machinista.*
Méchant, *máo.*
Méchant, *maligno.*
Médecin, *médico.*
Melon, *melãa.*

Mémoire, *memoria.*
Menteur, *mentiroso.*
Mérite, *mérito.*
Merveille, *maravilha.*
Mesure, *medida.*
Mesurer, *medir.*
Mettre, *pôr.*
Mettre, *metter.*
Métal, *metal.*
Meunier, *moleiro.*
Milan, *Mildão.*
Mois, *mez.*
Monde, *mundo.*
Modeste, *modesto.*
Monsieur, *o senhor.*
Mont, *monte.*
Montagne, *montanha.*
Montre, *relogio.*
Montrer, *mostrar.*
Moquer (se), *zombar.*
Mordre, *mordar.*
Mort, *morte.*
Mort, *morto.*
Mouchoir, *lenço.*
Moulin, *moinho.*
Mouton, *carneiro.*
Moyens, *meios.*
Mourir, *morrer.*
Mûr, *maduro.*
Musique, *musica.*

Naître, *nascer.*
Nation, *nação.*
Neige, *neve.*
Neiger, *nevar.*
Nettoyer, *limpar.*
Neveu, *sobrinho.*
Notaire, *tabellião.*
Nouvelles, *noticias.*
Nu, *Nú.*

Obéir, *Obedecer.*
Obstacle, *obstaculo.*
Obtenir, *conseguir.*
Occident, *occidente.*
Œuf, *ovo.*
Œuvres, *obras.*
Offrir, *offerecer.*
Omettre, *omittir.*
Oncle, *tio,*
Opéra, *opera.*
Opinion, *opinião.*
Opposer, *oppor.*
Opprimer, *opprimir.*
Or, *ouro.*
Orange, *laranja.*
Ordre, *ordem.*
Oreille, *orelha.*
Orgueilleux, *soberbo.*
Orient, *oriente.*
Oublier, *esquecer.*
Où, *aonde.*
Outrager, *ultrajar.*
Ouvrage, *obra.*
Ouvrir, *abrir.*

Page, *pagina.*
Paille, *palha.*
Pain, *pão.*
Pains, *pães.*
Paix, *paz.*
Palais, *palacio.*
Panier, *cesto.*
Pantalons, *calças.*
Papier, *papel,*
Par, *por,*

Parce que, *porque.*
Pardessus, *sobretudo.*
Paresseux, *preguiçoso.*
Parfum, *parfume.*
Part, *parte.*
Partie, *parte.*
Partir, *partir.*
Passer, *passar.*
Patience, *paciencia.*
Patient, *paciente.*
Patrie, *patria.*
Pauvre, *pobre.*
Payement, *pagamento.*
Payer, *pagar.*
Pays, *paiz.*
Pêche, *pecego.*
Peigner (se), *pentear-se.*
Peine, *pena.*
Peintre, *pintor.*
Pendant, *durante.*
Penser, *pensar.*
Père, *pai.*
Perdre, *perdre.*
Perdue, *perdida.*
Permission, *licença.*
Persister, *persistir.*
Personne, *pessoa.*
Persuader, *persuadir.*
Pervertir, *perverter.*
Petit, *pequeno.*
Petit bateau, *batel.*
Petit tonneau, *barril.*
Peu, *pouco.*
Peuple. *povo.*
Peur, *medo.*
Peut-être, *talvez.*
Pierre, *pedra.*
Place, *lugar.*
Plaindre (se), *quexar-se.*
Plaisanterie, *graça.*
Pleine, *cheia.*
Pleurer, *chorar.*
Pleuvoir, *chover.*
Plume, *penna.*
Poche, *algibeira.*
Pont, *ponte.*
Poire, *pêra.*
Population, *populaçãa.*
Porte, *porta.*
Portefeuille, *carteira.*
Porter, *trazer.*
Portrait, *retrato.*
Portugais, *portuguez.*
Poule, *gallinha.*
Pourri, *pôdre.*
Pouvoir, *poder.*
Prix, *prémia.*
Prendre, *tomar.*
Présenter, *appresentar.*
Présider, *presidir.*
Présumer, *presumir.*
Prêté, *emprestado.*
Probablement, *provavelmente.*
Professer, *professar.*
Promener, *passear.*
Promettre, *prometter.*
Proposer, *propor.*
Proposition, *proposta.*
Propriété, *propriedade.*
Prospérité, *prosperidade.*
Protéger, *proteger.*
Province, *provincia.*
Prune, *ameixa.*
Publier, *publicar.*
Puits, *poço.*
Pure, *puro.*

**Quai,** ***caes.***
**Qualité,** ***qualidade.***

| | | | |
|---|---|---|---|
| Quatre, | *quatro.* | Quote, | *quota.* |
| Quatrième, | *quarta.* | Qui, | *que.* |
| Quelquefois, | *ás vezes,* | Quoique, | *ainda que.* |
| Question, | *questão.* | | |

| | | | |
|---|---|---|---|
| Rage, | *sanha.* | Rester, | *ficar.* |
| Raison, | *razão.* | Réveiller, | *accordar.* |
| Raisin, | *nva.* | Réveiller. | *desfrertar.* |
| Rapport, | *eelação.* | Revision, | *revisão.* |
| Raser (se), | *barbear-se.* | Riche, | *rico.* |
| Recevoir, | *receber.* | Rien, | *nada.* |
| Récolte, | *colheita.* | Rire, | *rir.* |
| Réduire, | *reduzir.* | Robe, | *vestito.* |
| Refuser, | *recusar.* | Roi, | *rei.* |
| Regarder, | *olhar.* | Roman, | *romance.* |
| Règle, | *rêgoa.* | Rompre, | *romper.* |
| Relique, | *reliquia.* | Rose, | *rosa.* |
| Remercier, | *agradecer.* | Route, | *estrada.* |
| Rendormir, | *tornar a dormir.* | Rue, | *rua.* |
| | | Ruine, | *arruinado.* |
| Renvoyer, | *mandar embora.* | Russie, | *Russia.* |
| Répondre, | *respinder.* | Rustre, | *villão.* |
| Résider, | *residir.* | | |

| | | | |
|---|---|---|---|
| Sa, | *a sua.* | Séparation, | *separação.* |
| Sac, | *sacco.* | Servante, | *criada.* |
| Saler, | *salgar.* | Serviette, | *guardanapo.* |
| Saluer, | *cumprimentar.* | Serviette, | *toatha.* |
| Sanguinaire, | *sanguinario.* | Servir (se), | *servir-se.* |
| Satyrique, | *satyrico.* | Ses, | *os seus.* |
| Sauvage, | *selvagem.* | Seul, | *so.* |
| Sauver, | *salvar.* | Sexe, | *sexo.* |
| Savant, | *sabio.* | Siècle, | *seculo.* |
| Savoir, | *saber.* | Si longtemps, | *tanto tempo.* |
| Savon, | *sabão.* | Situer, | *siluar.* |
| Savoureux, | *saboroso.* | Sœur, | *irmã.* |
| Sécher, | *seccar.* | Sobre, | *sobrio.* |
| Seizième, | *decimo sexto.* | Soie torse, | *retroz.* |
| Sellier, | *selleiro.* | Soir, | *nocte.* |
| Semaine, | *cemand.* | Solide, | *solido.* |

Soldat, *soldado.*
Sommeil, *somno.*
Sortir, *sahir.*
Sot, *tolo.*
Souffrir, *soffrer.*
Soulier, *sapatr.*
Soupçonner. *suspectar.*
Souper. *cear.*
Soupirer. *suspirar.*
Sourcil, *sobrancelha.*
Sourd, *surno.*
Souris, *rato.*
Soutien, *amparo.*
Submerger, *submergir.*
Sucre, *assucar.*
Suisse, *Suissa.*
Supposer, *suppor.*
Sur, *azedo.*
Suspendre, *suspender.*

Table, *meza.*
Tableau, *quadro.*
Tâcher, *tratar.*
Tailler, *aparar.*
Tailleur, *alfayate.*
Taire (se), *callar.*
Tant, *tanto.*
Tard, *tarde.*
Temps, *tempo.*
Teindre, *tingir.*
Tenir dans, *caber.*
Teinturier, *tintureiro.*
Terminer, *terminar.*
Terrain, *terreno.*
Testament, *testamento.*
Tête, *cabeça.*
Thé, *chá.*
Théâtre, *theatro.*
Thême, *thema.*
Tiroir, *gaveta,*
Tissu, *secido.*
Toiture, *telhado.*
Tomber. *cahir.*
Tonner, *trovejar.*
Tordre, *torcer.*
Torrent, *torrente.*
Tournesol, *girasol.*
Tout, *tudo.*
Tout à l'heure, *ainda agora.*
Traitement, *ovdenado.*
Travailler, *trabalhar.*
Trembler, *tremer.*
Très bien, *muito bem.*
Très coquin, *velhaquissimo.*
Très peu, *muito pouco.*
Très prudent, *prudentissimo.*
Très souvent, *muitas vezes.*
Très triste, *tristessimo.*
Tromper, *euganar.*
Tromper (se), *enganar-se.*
Trouver, *achar.*
Tuer, *matur.*
Utile, *util.*
Unique. *unico.*

Vaillant, *valente.*
Valeur, *valor.*
Vallée. *volle.*
Vendre, *vender.*
Venir. *vir.*
Venter, *ventor.*
Vente, *verdade.*
Verre. *copo.*
Vertu, *virtude.*
Viande, *carne.*
Victime, *victima.*
Vide, *vazio.*

| | | | |
|---|---|---|---|
| Vie, | *vida.* | Voleur, | *ladrão.* |
| Ville, | *vidade.* | Volonté, | *vontade.* |
| Vin, | *vinho.* | Volume, | *volume.* |
| Vivre, | *vixer.* | Votre Excellence, | *Vassa Excellencia.* |
| Vite, | *depressa.* | Votre grâce, | *vossemece.* |
| Vocabulaire, | *vocabulorio.* | Votre seigneurie, | *vossa senhoria.* |
| Voir, | *ver.* | Vouloir, | *guerer.* |
| Voisin, | *visinho.* | Voyage, | *veagem.* |
| Voit (il), | *vè.* | Voyager, | *viajar.* |
| Voiture, | *carruagem.* | Voyageur, | *veajante.* |
| Voix, | *voz.* | | |
| Voler, | *roubar.* | | |

# TABLE DES MATIÈRES



DU VERBE.

Paris. — Imprimerie Arnous de Rivière, rue Racine, 26.

www.ingramcontent.com/pod-product-compliance
Lightning Source LLC
LaVergne TN
LVHW020020170826
845678LV00001B/65

* 9 7 8 2 3 2 9 7 9 1 7 1 5 *